CATALOGUE

DE LA

BIBLIOTHÈQUE SAINT-MICHEL

DE

LUNÉVILLE

NANCY

IMPRIMERIE A. NICOLLE, 25, RUE DE LA PÉPINIÈRE

1892

BIBLIOTHÈQUE SAINT-MICHEL

La bibliothèque est ouverte le Lundi de 9 h. 1/2 à 10 h. 1/2 du matin.

Le prix d'abonnement est de 5 fr. par an et donne droit à deux volumes par semaine. On peut aussi prendre sans abonnement des livres à 0,10 c. le volume.

La bibliothèque populaire composée de quelques vitrines de la bibliothèque Saint-Michel est ouverte le Dimanche, à l'issue de la grand'messe. L'abonnement est de 0,05 c. par semaine.

Exceptionnellement, les volumes de la bibliothèque St-Michel pourront être donnés le Dimanche, moyennant la rétribution ordinaire de 0,10 c.

CATALOGUE

BIBLIOTHÈQUE SAINT-MICHEL
LUNÉVILLE (M.-et-M.).

A. (Abbé). — La religion en tunique.

Abinal et de la Vaissière (Les R. P.) — Vingt ans à Madagascar.

Alcan. — Les cannibales et leur temps. Souvenirs de la campagne de l'Océanie sous le Ct Marceau.

Allard (Paul). — Histoire des persécutions, pendant les 2 premiers siècles de l'église.

— Souvenirs d'Orient : Les échelles du Levant.

     La Bulgarie orientale.

A. L. B. — Les fêtes chrétiennes.

Alviella (Cte d'). — Inde et Himalaya.

Ambert (Général). — Le général Drouot.

— L'Héroïsme en soutane.

— Le pays de l'honneur.

— Trois hommes de cœur : Larrey, Daumesnil, Desaix.

— Récits militaires, 4 vol. L'invasion.

     Après Sedan.

     La Loire et l'Est.

     Le siège de Paris.

A. M. D. G. — Vie de Marie Anne de la Fruglaye, 2 vol.

A. M. G. — La France coloniale.

A. M. — Les Apôtres de la Charité.

A. M. D. G. — Allons au ciel.

A. M. S. C. G. — Histoire du Bas Empire, 2 vol.

Ampère (André-Marie). — Journal et correspondance d'.

Andryane. — Mémoires d'un prisonnier d'Etat.

Apolda (P. Thierry d'). — Livre sur la vie et la mort de St-Dominique.

A. R. et C. R. — L'Eglise à travers les siècles.

— Les apôtres et les martyrs.

— Les moines et les barbares.

— Le protestantisme et les temps modernes.

Armaille (Ctesse d'). — Marie Thérèse et Marie Antoinette. Marie Lezcsinska.

Apres (Augustin D'). — Mon portefeuille et souvenirs du noviciat de Bosco.

Armaignac D. H — Voyage dans les Pampas de la République Argentine.

Arsac (J.D). — Les Frères des Écoles Chrétiennes pendant la guerre de 1870-1871.

At (Père). — Le vrai et le faux en matière d'autorité et de liberté, 2 vol.

Aubineau (Léon). — Le St Homme de Tours.

— Les serviteurs de Dieu, 2 v.

— Au soir. Récits et souvenirs.

— Parmi les lys et les épines. Récits et souvenirs.

— Vie admirable du Bienheureux Benoît Joseph Labre.

— Vie de la vénérable mère Emilie de Rodat.

Aubry A. (Prêtre) — Jean Bte Aubry.

— Les Chinois chez eux.

Audley (Mme). — Frédéric Chopin.

Auffray. — Poésies de Réné de St Maur.

Aumonier (Un). — La science du ménage.

— Les petites vertus et les petits défauts de la jeune fille.

Aunet (Mme d'). — Voyage d'une femme au Spitzberg.

Aviau de Piolan (Vtesse d'). — Au pays des Maronites.

Avrilon (Père). — Conduite pour passer saintement la Pentecôte.

Bader Mlle (Claire). — Ste Claire d'Assise.

Baillon (Cte de.) — Henriette Marie de France, reine d'Angleterre.
— Lettres inédites d'Henriette Marie de France, reine d'Angleterre.
Baldassari (Abbé.) — Histoire de l'enlèvement et de la captivité de Pie VI.
Baldwin (W C.) — Du Natal au Zambèse.
Barante (Cte de). — Histoire des Ducs de Bourgogne, 8 v.
Barbier (E.) — Deux ans dans l'Inde.
Barbé (C.) — Un mois en Suisse
Barrès de Molard. — Mémoires sur la guerre de la Navarre et des provinces basques.
Barthelemy (Ch. de). — Erreurs et mensonges historiques, 13 v.
Barthelemy (Ed. de). — Lettres inédites de Ste Chantal, 2 v
Bassanville, (Ctesse de). — Les salons d'autrefois, 3 v.
Bassompierre (Maréchal de). — Mémoires du.
Baunard (Abbé). — L'apôtre St-Jean.
— La foi et ses victoires.
— Histoire de Mme Barat, 2 vol.
— » de Mme Duchesne.
— Le Vicomte Armand de Melun.
— Histoire du Cardinal Pie, évêque de Poitiers.
— « de St Ambroise.
— Le général de Sonis.
— Le pénitent de Châteauneuf.
Baur et Leroy (Pères). — A travers le Zanguebar.
Bauron (Abbé). — Les rives Illyriennes : Istrie, Dalmatie, Montenegro.
Bautain (Abbé). — La chrétienne de nos jours, 2 v.
— La conscience.
Baylot (Père). — La parure spirituelle des enfants de Marie.
Béarn (Ctesse de). — Souvenirs de quarante ans.
Beauchesne (Vve de). — Vie de Louis XVII, 2 v.

— Vie de Mme Elisabeth, sœur de Louis XVI, 2 v.

Beauregard (Marquis Costa de). — Un homme d'autrefois.

Beaurie (Louis de). — Elisabeth d'Autriche et son temps.

Beauvoir (Cte de). — L'Australie.

— Java, Siam et Canton.

— Pekin, Yeddo et San Francisko.

Becq (Abbé). — Journal et impressions d'un pèlerin de Terre Sainte.

Béesau (Abbé A-). — Vie du R. P. Anne François de Beauveau.

Beguin A. et Peigneau (Missionnaires). — En Zig Zag du Maroc à Malte.

Bellet (Charles). — Le manuel de Mr Paul Bert, ses erreurs et ses falsifications historiques.

Belloc (J. T. de). — Le bienheureux Nicolas de Flüe.

— Toujours Jérusalem.

Bellune (Abbé de). — Dieu et son amour pour ses créatures.

— Du plaisir au bonheur, pensées sérieuses de deux jeunes filles.

— Heures de tristesses et d'espérances.

Bengy (R. P. de). — Mémoires.

Benoit (Charles). — Chateaubriant, étude littéraire et morale.

Benoit (Abbé). — St-Grégoire de Naziance, 2 vol.

Berbiguier (Abbé). — Vie populaire de St-Vincent de Paul.

Berengier (Dom Th.). — Vie de Monseigneur de Belzunce, 2 vol.

Bernard (R. P.) — Vie intérieure de Frère Raphaël.

Bernard (Frédéric). — Les fêtes célèbres de l'antiquité, du moyen âge et des temps modernes.

Bersange (Abbé). — Dom François Régis fondateur et premier abbé de N. D. de Staouëly.

Berseaux (Abbé). — La science sacrée, 4 vol.

Berthe (R. P. A). — Garcia Moréno.

Berthier (P. J). — Notre Dame de la Salette.

Besson (Mgr). — Enseignements et consolations.
— Vie du Cardinal de Bonnechose, 2 vol.
— Vie du Cardinal Mathieu, 2 vol.
— Frédéric F^{ois} Xavier de Mérode, ministre et aumônier de Pie IX.
Binet (P. Etienne). — Le chef-d'œuvre de Dieu ou les souveraines perfections de la Ste-Vierge, sa mère.
Bird (J. L). — Voyage d'une femme aux Montagnes Rocheuses.
Biré (Edmond). — La légende des Girondins.
Blanc (Capitaine). — Généraux et soldats d'Afrique.
Blanc (Abbé). — Vie de Mgr Menjaud.
Blanc de St Bonnet. — La douleur.
— La légitimité.
— Restauration française.
Blanchère (H. de la). — Les soirées de Quimper.
Blot (Père). — Au ciel on se reconnait.
— Les auxiliatrices du purgatoire.
Blion (Abbé). — Nouvelles fleurs de la vie des Saints pour tous les jours de l'année.
Bonhomme (Honoré). — Le duc de Penthièvre.
— Théophile de Fernig.
Bonhomme (Abbé Jules). — Souvenirs du fort de l'Est.
Bonneau (Alfred). — Mme de Beauharnais de Miramion.
Bonnefon (Jean de). — Le drame impérial : ce qu'on ne peut pas dire à Berlin.
Bossuet. - Elévations à Dieu sur tous les mystères de la religion chrétienne.
— Sermons, 3 vol.
Bougaud (Abbé. — Le christianisme et les temps présents, 5 vol.
— Histoire de la Bienheureuse Marguerite Marie.
—   "   de Sainte Chantal 2 vol.
—   "   de Sainte Monique.

Bouillerie (Mgr. de la). — Méditations sur l'Eucharistie.
Bouix (Père Marcel). — Lettres de Sainte Thérèse, 3 v. traduites par.
— Vie de Sainte Thérèse.
— " de la Bienheureuse Marie de l'Incarnation.
— Une héroïne de la Charité.
Boulangé (Abbé). — Rome en 1848, 2 vol.
Bouniol Bathild. — La France héroïque, 4 vol.
Bourdon (Mme). — Journée chrétienne de la jeune fille.
— Lettres à une jeune fille.
— Marcia.
— Marie Tudor.
— Marie Stuart.
Boursin. — Un trappiste au xixe siècle.
Bovier Lapierre (G). — Histoire de la vie de J-C.
Bowden (R. Père Jules). — Vie et lettres du R. P. Faber premier supérieur de l'Oratoire de Lourdes.
Brosselard (Henri). — Les deux missions Flatters au pays des Touaregs.
Brown Sarah. — Prince et Prêtre.
Brunner (Mgr. Sébastien). — Les Montagnards d'Oberammergau.
Brucker (Raymond). — Les docteurs du jour devant la famille
Buet (Charles). — Christophe Colomb.
— L'amiral de Coligny.
— Médaillons et camées.
— Six mois à Madagascar.
— Sous le soleil d'Afrique.
Bussières (Vicomte M. Théodore de). — Vie de Ste Radegonde et la cour de Neustrie.
Cadoudal (Georges de). — Les serviteurs des hommes.
Cahier (R. P). — Souvenirs de l'ancienne église d'Afrique.
Caillet (Abbé). — Vie des saints, 3 v.
Calhiat (Abbé Henri.) — Elisabeth de Prades, sa vie et son journal.

— Histoire intime de Jean de Rocheveille.

Campau (Ludovic de). — Un empire qui croule : le Maroc contemporain.

Camp (Maxime du). — La charité privée à Paris.

— La vertu en France,

— Les convulsions de Paris, 4 vol.

— Paris bienfaisant.

Camus (Cte le). — Mémoires du Vte de Melun revus et mis en ordre par.

Capoue (Père Raymond de). — Vie de Ste-Catherine de Sienne.

Carné (Cte Louis de). — Souvenirs de ma jeunesse au temps de la restauration.

— Voyage en Indo-Chine et dans l'empire chinois.

Carraud (Mlle). — Les métamorphoses d'une goutte d'eau.

Carmen (Sylva). — Pensées d'une reine.

Casabianca (Abbé). — Trente jours à la campagne ou le salut par la nature.

Caussette (Père). — Le bon sens de la foi, 2 vol.

Cazin (Achille). — Les forces physiques.

Cépari (Père). — Vie de Marie Madeleine de Pazzy.

Chambrier (James de). — Marie-Antoinette, reine de France, 2 val.

Chamoux (Abbé). — Vie du vénérable César de Bus.

Champagny (Frantz de). — La Charité chrétienne dans les premiers siècles de l'église.

Chantrel (J.). — Histoire populaire des papes, 4 vol.

Chapiat (Abbé.) — Voyages dans les Vosges.

Charpin Feugerolles (Ctesse de). — Eléonore d'Autriche, reine de Pologne.

Charruau (Père). — Vie du Bienheureux Pierre Labonde, apôtre des eufants et des ouvriers.

Chassay (Abbé F. E,). — Manuel d'une femme chrétienne.

Chateaubriand (Vte de). — Itinéraire de Paris à Jérusalem.

— Le génie du christianisme, 2 vol.

Chatillon Mme — Le Révérend Père Olivaint,

Chaumont (Abbé). — Directions spirituelles de St-François de Sales, recueillies et mises en ordre par l'.
— De la Charité envers le prochain.
— De la confession.
— De la Croix
— De l'Oraison, 2 vol.
— De la Ste-Eucharistie.
— De la Ste-Espérance et de la simplicité.
— Des fins dernières.
— Des tentations.
— Du retour de l'âme à Dieu.
— La souffrance.
— Du gouvernement d'une maison chrétienne.
— L'éducation, ses difficultés et son but.
— La Vierge Marie.
— Monseigneur de Ségur, 2 vol.
Chaugy (R. Mère de). — Vie des premières religieuses de la Visitation. 2 vol.
Chazournes (R. P. Léon de). — Vie du R. P. Barrelle S. J. 2 vol.
Chérancé (R. P. de). — St-François d'Assises.
Chérot (R. P.). — Etude sur la vie et les œuvres du P. Lemoyne.
Chevalet (Emile). — Voyage en Islande.
Chevalier (Aristide). — Un écho de la dernière bataille de Drumont.
Chevreux (R. P.). — Notre Dame de Benoite Vaux.
Chocarne (R. P). — Le Père Lacordaire, sa vie intime et religieuse, 2 vol.
Choullier (Abbé). — Les Jeunes Saints.
Chuquet (Arthur). — Le Général Chanzy 1843-1883.
Clair (P. Charles). — Conseils du Père Olivaint aux jeunes gens.
— Pierre Olivaint, prêtre de la Cie de Jésus.
— R. P. Milleriot.

CLASTRON (Abbé). — Mgr Plantier, 2 vol.
CLÉMENT (Pierre). — Gabrielle de Rochechouart Mortemart, abbesse de Fontevrault.
C. M. — Les apôtres de la Charité.
COETLOSQUET (Comte du). — Théodore Wibeaux.
— Vie de Ste-Monique.
COEUR (Mgr). — Sermons, 3 vol.
COMBALOT (Abbé). — Le culte de la Vierge Marie, 2 vol.
COMMELLI (A). — Les Jésuites héroïques : Pages de l'Histoire d'Angleterre.
COMPIÈGNE (Marquis de). — L'Afrique équatoriale : Okanda, Bangouens, Osyéba.
— Gabonais, Pahouins, Gallois.
CTESSE DE... — Histoire chrétienne de la Californie.
CONGNET (Henri). — Mme de Bussières.
CORNUDET (Léon) et MONTALEMBERT. — Lettres à un ami de collège 1827-1830.
COUBÉ (P. Stephan). — Au pays des castes.
CRAON (Pcesse de). — Thomas Morus, Chancelier d'Angleterre, 2 vol.
CRAVEN (Mme Augustus). — Adélaïde Capèce Minutolo.
— Lady Georgiana Fullerton.
— La jeunesse de Fanny Kemble.
— Le père Damien.
— Le travail d'une Ame.
— Récits d'une sœur, 2 vol.
— Réminiscences.
— Sœur Nathalie Narischckine.
CRÉQUY — Souvenirs de la marquise de 5 vol.
CRETINEAU (Joly). — Histoire de Louis Philippe d'Orléans, 2 v.
CROS (R. P. L. J. M). — Une famille d'autrefois.
— Vie du Bienheureux Berchmans de la Cie de Jésus.
CROVE (F.C). — Le Caucase glacé.
CRUCHET ET JUSTEAU — Hre populaire de St-Martin.

Cugnac (Mquis de). — Les volontaires vendéens à l'armée de la Loire.

Curé de St Sulpice. — Notre-Dame de France ou Histoire du culte de la Ste Vierge en France.

Cyrille (Henri). — Cascade du Pelvoux.

— Voyage sentimental dans les pays slaves.

D... (Mme Florinda). — Récit d'une jeune femme : Espagne, Extrême Orient, France.

Dalgairns (J. D. esq.). — Vie de St-Etienne Harding, principal fondateur de l'ordre de Citeaux.

Damas (R. P. de). — Voyage en Galilée.

— Voyage en Judée.

Dambrine (Abbé). — Félix Marie, missionnaire au Tong-King méridional.

Danzas (R. P. A). — Etude sur les temps primitifs de l'Ordre de St Dominique.

Darboy (Mgr). — Les femmes de la Bible.

— St Thomas Becket, archevêque de Cantorbéry, 2 vol.

Darras (Abbé). — Histoire de N. S. Jésus-Christ, 2 vol.

Daubenton (R. P). — Vie de St François Régis.

Dauphin (Joseph). — Un poète apôtre ou le R. P. Léon Barbey d'Aurevilly, 2 vol.

Daurignac (J. M. S.). — Histoire de la Cie de Jésus, 2 vol.

David (Abbé) — Histoire de mon 3e voyage d'exploration dans l'empire chinois, 2 vol.

Delacroix (Abbé). — Histoire de Fléchier, évêque de Nîmes.

Delalain (Edouard). — Légendes historiques de Ste-Geneviève

Delaporte (R. P). — Récits et Légendes.

— Vie du R. P. J.-Bte. Rauzan fondateur et premier Supérieur général de la Société des missions de France.

Delbet (Mme Zoé). — Correspondance d'une élève du Sacré-Cœur.

Delbreil (F). — Menaces et promesses de N. Dame de la Salette.

Déroulède. — Chants du soldat, 2 vol.

Deschaumes (Edmond). — La retraite infernale : armée de la Loire 1870-1871.

Desgeorges (Abbé). — De l'abus des mots et de ses funestes conséquences.

Desmousseaux de Givré (Mme). — Vie de St-Thomas d'Aquin.

Desportes (Abbé Henri). — Le mystère du sang chez les Juifs de tous les temps.

Didon (R. P). — Jésus Christ, 2 vol.

Digot (Auguste). — Histoire de Lorraine, 6 vol.

Domenech (Abbé). — Journal d'un missionnaire.

— Les Confessions d'un Curé de campagne.

Dormagin (Abbé). — La souffrance au point de vue chrétien.

Doublet (Abbé). — Conférences aux dames du monde, 2 vol.

Dourisboure (Abbé). — Les sauvages Ba Hnars.

Dourlens (Abbé). — Louis Veuillot.

— Monseigneur Dupanloup.

— Vie de la R. M. Mecthilde du St-Sacrement.

Drohojowska (Comtesse). — Conseils à une jeune fille sur les devoirs à remplir dans le monde.

— Madame Louise de France, fille de Louis XIV.

— Une saison à Nice.

— Une semaine à Cracovie.

Dronsart (Marie). — Portraits d'Outre-Manche.

Dubois (Lucien). — Le Pôle et l'Equateur.

Ducreux (Noel). — Souvenirs d'un père, 2 vol.

Ducros (Louis). — Henri Heine et son temps, 1799-1827.

Dufferin (Lord). — Lettres écrites des régions polaires.

Dugas (R. P). — La Kabylie et le peuple Kabyle.

Dujardin (R. P. D.). — Œuvres de St-Alphonse de Liguori, traduites et mises en ordre par le, 5 vol.

Dulac (R. P). — France.

Dumax (abbé V.). — Récits anecdotiques sur Pie IX.

— Rome pendant le carême, la semaine sainte et les fêtes de Pâques.

Dupuis (Jean). — La conquête du Tonkin par 27 Français commandés par.
Durand (Abbé E. J.). — Les missions catholiques françaises.
Durand (Abbé). — L'enfant prodigue sur le cœur de Jésus.
— La Vierge en pleurs.
— Mois de Marie des Madones de Pie IX.
Duras (Duchesse de). — Journal des prisons de mon père.
Dussieux Louis. — Etude biographique sur Colbert.
— Histoire générale de la guerre de 1870-1871, 2 vol.
— Le Cardinal de Richelieu.
— Les grands faits de l'histoire de France racontés par les contemporains.
Ebel et Muller. — La première caravane d'Arceuil.
Ecclésiastique (Un). — Saint François de Sales évêque et prince de Genève.
Egron (A). — L'Afrique chrétienne.
Emery (Marie). — Une saison à Spa.
Espinay (Dr Charles d'). — Dom Bosco.
Essarts (Alfred des). — Dix peintres célèbres.
Estampes (Louis d'). — Sur les bords du fleuve Rouge.
Exauvillez (d'). — Histoire de l'abbé de Rancé, réformateur de la Trappe.
Faber (R. P). — Conférences spirituelles.
— Contes angéliques.
Fallet C. — L'Algérie.
Falloux (Cte de). — Augustin Cochin.
— Correspondance du P. Lacordaire et de Mme Swetchine.
— Lettres inédites de Mme Swetchine.
— Mémoires d'un royaliste, 2 vol.
— Madame Swetchine, sa vie, ses œuvres.
— St Pie V., 2 vol.
— Souvenirs de charité.
Farini (G. A). — Huit mois au Kalahari.
Faure (G.). — Voyage en Corse, 2 vol.

Faure (Père). — Soirées littéraires.
Fava (Mgr). — Le secret de la Franc-Maçonnerie.
Faye (Jules de la). — Histoire de l'Amiral Courbet.
Fayette (Mme de la). — Histoire d'Henriette d'Angleterre, duchesse d'Orléans.
Félix (R. P). — L'art devant le christianisme.
— La Carmélite.
— La parole et le livre.
— L'économie sociale devant le christianisme.
— Discours au congrès de Malines.
— J.-C. et la critique nouvelle.
Fernand (Michel). — Dix-huit ans chez les sauvages.
Ferrucci (Mme). — Vie et lettres de Rose Ferruci.
Fésenzac (Duc de). — Souvenirs militaires de 1804 à 1814.
Feuilleret (H). — Voyages à la recherche de Sir John Francklin.
Feuillet de Conches. — Correspondance de Mme Elisabeth.
Féval (Paul). — Le coup de grâce.
— Les étapes d'une conversion.
— Pierre Blot.
— La première communion.
— Jésuites.
— Merveilles du Mont St-Michel.
Fidus. — Journal de dix ans : souvenirs d'un impérialiste, 2 volumes.
Flammarion (Camille). — Les merveilles célestes.
Flavigny (Comtesse de). — Ste Catherine de Sienne.
Fleuriot (Zénaïde). — Notre capitale Rome.
Fliche (Abbé). — Mémoires sur la vie, les malheurs et les vertus de M. Félicie des Ursins, duch. de Montmorency, 2 vol.
Foisset. — Le comte de Montalembert.
— Vie du R. Père Lacordaire, 2 vol.
Follioley (Abbé). — Histoire de la littérature française au XVIIe siècle, 3 vol.

Forbes (R. P. James). — Un missionnaire catholique en Angleterre sous le règne d'Elisabeth ou mémoires du R. Père Gérard.

Forbin d'Oppède (Marquise de). — La Bienheureuse Delphine de Sabran et les saints de Provence au XIXe siècle.

Fouard (Abbé). — Vie de N. S. Jésus-Christ, 2 vol.

Fourmestraux (E). — Le prince Eugène.

Fournel (Victor). — Aux pays du soleil.

— De Malherbe à Bossuet, études littéraires et morales.

— Figures d'hier et d'aujourd'hui.

— Voyage hors de ma chambre.

France (Isabelle). — Jeanne D'Arc.

— Jeanne D'Arc à Domrémy.

— Pèlerinage national à Lourdes.

— Voyage à Lourdes.

France d'Hesecques (Cte de). — Souvenirs d'un page de la cour de Louis XVI.

Fredé (Pierre). — Voyage en Arménie et en Perse.

Freppel (Mgr.) — Les Pères apostoliques.

— Les apologistes chrétiens au IIe siècle.

— Saint-Justin.

— Saint Irénée et l'éloquence chrétienne dans la Gaule.

— Tertullien, 2 vol.

— Saint Cyprien et l'Eglise d'Afrique au IIIe siècle.

— Clément d'Alexandrie.

— Origène, 2 vol.

— La Révolution française à propos du centenaire de 1789.

Fribourg (Paul). — La Suisse pittoresque.

Fullerton (Lady). — Dona Luisa de Carvajol.

Gabourd. — Histoire contemporaine, 12 vol.

— Histoire de la révolution et de l'empire, 8 vol.

— Histoire de Paris, 5 vol.

Gabriac (Père de). — Le R. P. de Pontlevoy, 2 vol.

Gaduel (Abbé). — Vie de Jean-Joseph Allemand, directeur de la jeunesse.

Gaffarel (Paul). — Histoire de la Floride française.
Gaillac (G. de). — Marie sauvera la France.
Gaillardin. — Histoire du règne de Louis XIV, 5 vol.
Galitzin (Prince). — Vie d'une religieuse du Sacré-Cœur.
Garneray (Louis). — Mes pontons.
— Voyages, aventures et combats, 2 vol.
Garnier (Jules). — La Nouvelle Calédonie.
— Océanie.
Gassiat (Bernardin). — Rome vengée. La vérité sur les personnes et les choses.
Gaucherand. — Pèlerinage d'une jeune fille à Jérusalem, 2 vol.
Gaume (Mgr). — Le Benedicite au XIXe siècle.
— Les trois Rome, 3 vol.
Gautier (Léon). — Appel aux hommes de bien.
— Benoît XI, étude sur la papauté au XIVe siècle.
— L'esprit du Père Faber.
— Lettres d'un catholique, 2 vol.
— Portraits littéraires.
— Vingt nouveaux portraits.
Gay (R. P. François). — Les larmes de Rachel. Espérances et consolations aux mères affligées.
— Mosaïque chrétienne.
Gay (Mgr). — Conférences aux mères chrétiennes, 2 vol.
— De la vie et des vertus chrétiennes.
— Élévations sur la vie et la doctrine de N.-S., 2 vol.
G. B. L. — Histoire de la vie de Jésus-Christ.
Geffroy. — Mme de Maintenon d'après sa correspondance, 2 vol.
Genelli (Père P.). — Vie de Saint-Ignace de Loyola, 2 vol.
Gentelles (Mme de). — Examen de conscience des femmes honnêtes de France.
— Précieux souvenirs et exemples.
Géramb (R. P. de). — Pèlerinage à Jérusalem et au mont Sinaï, 3 vol.

Gérando (G. de). -- Morale pratique enseignée par l'exemple.
Gerbet (Mgr). -- Esquisse de Rome chrétienne, 3 vol.
Gilly (Mgr). -- Du bon sens et de la haute raison.
— Les sept paroles de Jésus en croix.
Gilly (Abbé A). -- A Fernand de Missol.
Girard (Abbé). -- Nouvelle Histoire de France depuis les origines jusqu'à 1885.
Gobat (Abbé). -- Quatre portraits ou journal d'une tertiaire de St-François d'Assise.
Gobillon (M.). -- Vie de la vénérable Louise de Marillac.
Godefroy (F). -- Histoire de la littérature française au XIXe siècle.
Gontaut (Duchesse de). -- Mémoires de 1773-1836.
Goulette (Léon). -- Avant, pendant et après l'affaire Schnœbelé.
Gourault (Julie). -- Aller et retour à Paray-le-Monial.
-- Les Œuvres de Charité à Paris.
-- Nouvelles causeries ou esquisses morales.
Gourdault (Jules). -- A travers le Tyrol.
-- La jeunesse du grand Condé.
-- L'Italie pittoresque.
-- Sully et son temps.
Gratry (Père). -- Henri Perreyve.
-- Le chant du cygne gallican.
-- Les sources, 2 v.
-- Souvenirs de ma jeunesse.
Grimouard de St-Laurent (Cte). — Vie de la vénérable Clotilde de France, reine de Sardaigne.
Grival (M. de). -- Voyage sur les bords de la Néva.
Gros (Abbé). -- Vie de Ste-Anne.
Guépratte (Abbé). -- Vie de Berthe Bizot.
Guéranger (Dom Prosper). -- Essai sur l'origine, la signification et les privilèges de la médaille de St-Benoît.
-- Le temps après la Pentecôte.
-- Vie de Ste-Cécile.

Guéranger. -- La Nouvelle Murcie.
Guérin (Victor). -- La France catholique en Egypte.
Guérin (Eugénie de). -- Journal et lettres, 2 vol.
Guérin (Maurice de). -- Journal, lettres et poèmes.
Guerrier de Haupt (Marie). -- Voyage autour de l'année.
Guidée (Père). -- Souvenirs de St-Acheul.
— Vie du P. Joseph Varin, religieux de la Comp^{ie} de Jésus.
Guido Gœrres. -- Vie de Jeanne d'Arc d'après les chroniques contemporaines.
Guillaume (Abbé). -- Vie de Monseigneur d'Osmond, évêque de Nancy.
Guiol (Abbé L.). -- Du principe chrétien de la charité envers les pauvres.
Hahn Hahn (Ctesse de). -- Une voix de Jérusalem.
Hansen (D^r). -- Miraculeuses guérisons opérées à Trèves en 1844.
Haussonville (Cte d'). -- Réunion de la Lorraine à la France, 4 vol.
Hamard (Abbé). -- Une course aux capitales.
Havard (Henri). -- Voyage aux villes mortes du Zuiderzée.
Hello (Mme Ernest). -- Notre-Dame du Sacré-Cœur.
Herambourg (R. P.). -- Le R. P. Jean Eudes, apôtre du Sacré-Cœur de Jésus et de Marie.
Hérisson (Cte d'). -- Autour d'une révolution.
-- Journal d'un interprète en Chine.
— Journal d'un officier d'ordonnance.
Hervé Bazin. -- Les grandes journées de la chrétienté.
Hervin et Dourlens (Abbés). -- Vie de la R. Mère Mecthilde du St-Sacrement, fondatrice de l'Institut des Bénédictines de l'adoration perpétuelle du St-Sacrement.
Hésecque (Cte de France d'). -- Souvenir d'un page de la cour de Louis XVI.

Hippeau (Mme). -- Cours d'économie domestique.
Houet (Mme C. d'). -- Les héros du désert : Moffat et Liwingstone.
Houssaye (Abbé). -- Monseigneur de Bérulle et les Carmélites de France.
Hue (François). -- Les dernières années de Louis XVI.
Hue (Père). -- Souvenirs d'un voyage dans la Tartarie et le Thibet, 2 vol.
-- Voyage dans l'empire chinois, 2 vol.
Hue (François). — Voyage à travers nos petites colonies.
Hue et Harigot. — Nos grandes colonies.
— Nos petites colonies.
Hubner (baron de). — Promenade autour du monde, 2 vol.
Huguet (R. P.). — Célèbres conversions contemporaines.
Hulst (Mgr. d'). — Vie de la mère Marie Thérèse de Jésus (Xaverine de Maistre).
Humbert (Père). — Instructions sur les principales vérités de la religion.
Ideville (d'). — Le maréchal Bugeaud d'après sa correspondance intime.
Illustrations du XIXe siècle. — 12 volumes.
Imbert (de St. Amand). — Portraits de grandes dames.
— Le château des Tuileries.
— Les dernières années de Louis XV.
— Les Beaux jours de Marie Antoinette.
— Marie Antoinette et la fin de l'ancien régime.
— Marie Antoinette et l'agonie de la royauté.
— Dernières années de Marie Antoinette.
— La citoyenne Bonaparte.
— La femme du premier consul.
— La jeunesse de l'impératrice Joséphine.
— La cour de l'impératrice Joséphine.
— Les dernières années de l'impératrice Joséphine.
— Marie Louise et la décadence de l'empire.

— Marie Louise et le duc de Reischtadt.
— Marie Louise, l'Ile d'Elbe et les cent jours.
— Marie Louise et l'invasion de 1814.
— La duchesse de Berry et la cour de Louis XVIII.
— La duchesse de Berry et la cour de Charles X.
— La jeunesse de la duchesse d'Angoulême.

IRVING (Washington). — Voyages et découvertes des compagnons de Colomb.

JACQUENET (abbé). — Vie de l'abbé Gagelin missionnaire apostolique et martyr.

JAMES (Dr Constantin). — Les Hébreux dans l'isthme de Suez.

JANVIER (abbé). — Vie de Mr Dupont, 2 vol.

— Vie de la sœur St. Pierre, carmélite de Tours.

JENNA (Marie). — Enfants et mères.

JÉRÔME (St.). — Lettres choisies.

JOSEPHA (Marie Thérèse). — La vie des saints racontée à mes filleuls.

JOUBERT (F.). — Dumont d'Urville.
— Parmentier.
— Richard Lenoir.
— Vauquelin.

JOUBERT. — Pensées et correspondance, 2 vol.

JULIEN (Félix). — L'amiral Courbet d'après ses lettres.

JURIEN DE LA GRAVIÈRE (vice-amiral). — Souvenirs d'un amiral, 2 vol.

KELLER (Ed.). — Le général de la Moricière, 2 vol.

KERWIN DE LETTENHOVE (baron). — Marie Stuart, 2 vol.

KINGSTON (W. H. G.). — Une croisière autour du monde.

LAC (Père du). — France.

LACOINTA (Jules). — Le Père Lacordaire.

LACORDAIRE (Père). — Conférences, 5 vol.
— Lettres à des jeunes gens.
— Lettres à Mme de Prailly.
— Sainte Marie Madeleine.

— Sermons, instructions et allocutions, 2 vol.
— Vie de St Dominique.
Laffite (abbé). — Le Dahomey.
— Le pays des nègres et la côte des esclaves.
Lafond (Ed.). — Lorette et Castelfidardo.
Laforest (Guy de). - L'Alsace.
— La Lorraine.
Lagrange (abbé). — H^{re} de Ste Paule.
— H^{re} de St Paulin de Nole.
— Vie de Mgr Dupanloup, 3 vol.
Lagrèze (G. B.). — Les catacombes de Rome.
— Une visite à Pompeï.
Lahorty (Hadge R. P.). — La Syrie, la Palestine, la Judée.
Lallement (Paul). — H^{re} de la Charité à Rome.
Lamartine. — Le manuscrit de ma mère.
Lambel (Cte de). — Le Canada.
— Marguerite de Lorraine.
— Philippe de Gheldres.
Lambert (abbé Edmond). — A travers l'Algérie.
Lambert et Buirette (abbés). — H^{re} de l'église de N. Dame des Victoires.
Lamothe (de). — Les métiers infâmes.
Landrin (Armand). — Les plages de la France.
Landriot (Mgr). — L'aumône.
— La femme forte, conférences destinées aux femmes du monde.
— Les péchés de la langue.
Lanoye (de). — La Sibérie
Laorty Hadge. — La Syrie, la Palestine et la Judée.
Laprade (de). — Essai de critique idéaliste.
— Poëmes civiques.
Lasserre (Henri). — Notre Dame de Lourdes.
— Les épisodes miraculeux de Lourdes.

— Bernadette.
Lasteyrie (Mme de). — Vie de Madame de Lafayette.
Latour (Antoine de). — Don Miguel de Manara.
Laurent (A.). — Massillon, esquisse biographique.
Laurischesse (abbé). — Journal de Firmin sur.
Lebrun (Henri). — Aventures et voyages de Fernand Cortez.
Leclerc (Jules). — Voyage au Mexique.
Lefebure (Léon). — Etude sur l'Allemagne nouvelle.
Lefebvre (R. P. Al.). — Consolations. Souvenirs des carêmes prêchés à Paris.
Lefèvre Pontalis (Antonin). — Jean de Witt, gd. pensionnaire de Hollande, 2 vol.
Lefranc (M.). — En vacances à travers l'histoire.
Legouvé. — Enfance et adolescence.
— L'art de la lecture.
— Les pères et les enfants au XIXe siècle.
— Nos filles et nos fils.
— Une élève de seize ans.
Le Gouvello (Hte H.). — Le pénitent breton Pierre de Kériolet.
Le Norden (abbé). — Jeanne d'Arc et les vertus cardinales.
Lenormand (Mme). — Quatre femmes au temps de la révolution.
Lenthérie (Charles). — La Grèce et l'Orient en Provence.
Le Pas (André). — A la porte du Paradis.
— Paille et grain.
— Sous le manteau de la cheminée.
Leroy (abbé). — Philosophie catholique de l'histoire, 2 vol.
Leroy Baulieu (A.). — La France, la Russie et l'Europe.
Lescœur (Père). — La Persécution de l'Eglise en Lithuanie.
— La science du bonheur.
Lescure (de). — Henri IV.
Létard (abbé). — Tableaux évangéliques et topographiques des Lieux Saints.

Libercier (R. Père). — Pensées édifiantes sur la mort.
Liguori (St Alphonse). — Les gloires de Marie.
— Œuvres complètes, 5 vol.
Livingstone. — Le journal du docteur.
Loir Mongazon. — Fleurs et peintures de fleurs.
Lombez (R. Père de). — Traité de la joie de l'âme chrétienne.
— Traité de la paix intérieure.
Loudun (Eugène). — Les nouveaux Jacobins.
Loyseau (Jean). — Le chant du cygne gallican.
— Lettres sur la vie d'un nommé Jésus selon M. Renan.
M. Ch. — Les apôtres de la charité.
Mac Erin (U.). — Huit mois sur l'Océan.
Maistre (Cte de). — Les soirées de St Pétersbourg. 2 vol.
— Lettres, 2 vol.
— Du pape.
Maitrias (abbé). - H^{re} de St Vincent de Paul.
Malateste (abbé). — La Ste Vierge, modèle pratique de tous les âges.
Mandat Grancey (B. de). — En visite chez l'Oncle Sam, New-Yorck et Chicago.
— Dans les montagnes rocheuses.
Mangeret (R. P.). — Mgr Bataillon et les missions de.
Mangin (Arthur). — Le feu du Ciel. H^{re} de l'électricité.
— Les savants illustres de la France.
Manning (Cardinal).— Les Gloires du Sacré Cœur.
Marcey (Mme de). — De la vie de famille et des moyens d'y revenir.
Marchal (Gustave). — La Guerre de Crimée.
— Le drame de Metz.
Margerie (Amédée de). — La famille, 2 vol.
— La restauration de la France.
— La solution.
Margerie (Eugène de). — La société de St Vincent de Paul, 2 vol.

— Lettre à un ami inconnu.
— Lettres à un jeune homme sur la piété.
— Le christianisme en action.
Margotti (abbé). — Rome et Londres.
Margueritte (Paul). — Mon Père. N^{lle} édition, augmentée des lettres du Général Margueritte.
Marquigny (Père de). — Une femme forte.
Mariste (un Père). — Auguste Marceau Cap^e de Frégate, 2 v.
— Mgr Douarre évêque d'Amata, 1er vicaire apostolique de la N^{lle} Calédonie.
Marlès (de). — H^{re} de Portugal.
Marmier (Xavier). — A la maison.
— De Constantinople au Caire.
— Du Rhin à Constantinople.
— En Franche Comté.
— Impressions et souvenirs d'un voyageur chrétien.
Martin (abbé F.). — Les vierges martyres, 2 vol.
— Vie de Mme de Bonnault d'Houet.
Martin (sir Théodore). — Le prince Albert de Saxe Cobourg, époux de la reine Victoria, 2 vol.
Mas Latrie (L. de). — L'ile de Chypre.
Massillon. — Œuvres, 3 vol.
Mathieu (P.). — Un Cœur chrétien.
Matignon (abbé). — Les familles bibliques, 3 vol.
Maupoint (Mgr). — Madagascar et ses deux premiers évêques.
Maurin (M. J.). — Vie de Pauline Marie Jaricot fondatrice de l'œuvre de la propagation de la foi, 2 vol.
Maynard (abbé). — St Vincent de Paul, 4 vol.
— Vie abrégée de Saint-Vincent de Paul.
Mazas (Alexandre). — Vie des grands capitaines français du moyen âge, 7 vol.
Meignan (Victor). — De Paris à Pekin par terre.
Melun (Vte de). — La marquise de Barrol.
— sœur Nathalie fondatrice de la congrégation des filles de l'enfant Jésus à Lille.
— Vie de Mlle de Melun.

Ménard (abbé). — Une servante des pauvres.
Mennechet (E.). — Cours complet de littérature moderne, 4 vol.
Mercier (R. P). — Campagne du Cassini.
— Marin et Jésuite, 2 vol.
Mermillod (Mgr).— Conférences aux dames de Lyon, 2 vol.
Metenier (J.). — Taïti, son passé, son présent, son avenir.
Meuley (abbé). — La Bonté, science de la vie.
Michaud et Poujoulat. — Vie de Jeanne d'Arc.
Michel (Ernest).— Le tour du monde en 240 jours, 2 vol.
Michel (Fernand). — Dix huit ans chez les sauvages.
Michelle (P. L.). — Les enfances illustres.
Mickiewicz. — Récits d'un gentilhomme polonais.
Mila (Ctesse de). — La dévotion dans le monde.
Mirabeau (Ctesse de). — Souvenirs militaires du colonel de Gonneville.
Missionnaire de la Salette. — La mère selon le cœur de Dieu.
Missionnaires. — La Cie de Jésus en Chine.
Moges (marquis de). — Souvenirs d'une ambassade en Chine et au Japon.
Monbrun (Alfred). — Mois des âmes du Purgatoire.
Monnier (Marcel) — Iles Hawaï.
Monnin (S.J.). — Esprit du curé d'Ars.
Monnot Arbilleur (Mme).—Les litanies de N. D. de Lorette d'après le P. de Miechow des frères prêcheurs.
Monsabré (Père). — Conférences de N. Dame de Paris, 15 v.
— Or et alliage dans la vie dévote.
Montalembert (Cte de). — Les Moines d'Occident, 7 vol.
— Les moines en Gaule sous les premiers Mérovingiens.
— Lettres à un ami de collège.
— Un moine au XIXe siècle. Le Père Lacordaire.
Montrond (Maxime). — Le curé de Notre Dame des Victoires.
— Les Français à Rome.

Monzie (E. de). — La journée de Reichshoffen.
Moreau (Louis). — Joseph de Maistre.
Moreau (abbé Christian). — Une mystique révolutionnaire.
— Suzanne Labrousse.
Morillon (Ad.). — Souvenirs de St Nicolas sur l'éducation au petit séminaire de Paris.
Mortimer-Ternaux. — Les massacres de septembre.
Mougeat (abbé). — Vie du bienheureux Jn.-Bte. de Rossi.
Moussac (E. de). — H^{re} de France racontée à mes enfants.
Mullois (abbé). — La charité et la misère à Paris.
Mun (marquis de). — Un château en Seine et Marne en 1870.
Nadault de Buffon. — L'éducation de la première enfance.
Naturaliste du muséum (un). — H^{re} naturelle des animaux.
Navery (Raoul de). — La femme d'après St Jérôme.
Naville (Ernest). — Maine de Biran, sa vie, ses pensées.
Nelya (miss O).— Lettres d'une jeune Irlandaise à sa sœur.
Nemours (Godré). — Les inconséquences de John Bull.
Nettement (Alfred). — Etudes critiques sur le feuilleton-roman, 2 vol.
— Histoire de la conquête d'Alger.
— de la conquête de l'Algérie.
— de la littérature française sous la Restauration, 2 vol.
— de la littérature française sous le Gouvernement de Juillet, 2 vol.
— de la Restauration, 8 vol.
— La seconde éducation des filles.
— Les ruines morales et intellectuelles.
— Poètes et artistes contemporains.
— Suger et son temps.
— Vie de Marie Thérèse de France, fille de Louis XVI.
Neuilly (Cte de). — Dix années d'émigration.
Nicolas (Auguste). — Etudes philosophiques sur le christianisme, 3 v.
— La Vierge Marie et le plan divin.

Nisard (Désiré). — Discours académiques et universitaires. 1852-1868.

Novice (un). — Une vocation, lettres à un ami.

Officier d'administration (un). — Voyage dans les déserts du Sahara.

Olivaint (Père). — Conseils aux jeunes gens.

Orléans (duc d'). — Récits de campagnes, 1833-1841.

Orse (abbé), — Mémoires du chevalier de Pontis garde du corps sous Henri IV, Louis XIII, Louis XIV.

— Massacre des prisonniers de l'abbaye en 1792.

Ostier (Père). — Vie de Marie Elisabeth Bry.

Oxenham (F.M.). — Édith Sydney ou une âme en peine dans le protestantisme.

Ozanam (abbé Charles). — La femme chétienne et la société Moderne.

Ozanam (Frédéric). — La civilisation au 5e siècle, 2 vol.

— Lettres, 2 vol.

P. (abbé). — Vie de St Philippe de Néri.

— Vie de Ste Catherine de Gênes.

Pacca (cardinal). — Mémoires historiques.

Paillard (C.). — Un inventeur méconnu.

Palgrave (W.). — Une année dans l'Arabie centrale.

Paquelin (dom Louis). — Vie et souvenirs de Mme de Cossé Brissac.

Pauthe (abbé). — Mission d'Eugénie de Guérin.

Pellico (Sylvio). — Mes prisons.

Perdreau (abbé). — Les dernières années de la Ste Vierge.

Père — Noël Ducreux, 2 vol., souvenirs d'un.

Père de la Cie de Jésus. — Missions de la Cochinchine et du Tonkin.

— Mission de Cayenne.

—   »   du Canada.

— Souvenirs de l'ancienne Eglise d'Afrique.

— Vie et mort d'A. de Dainville et de M. E. Vallet.

Perraud (Rev. Père A.). — Les paroles de l'heure présente.
Perreyve (abbé Henri). — Biographies et panégyriques.
— Entretiens sur l'Eglise catholique, 2 v.
— Lettres, 2 vol.
— Méditations sur le Chemin de la Croix.
— Une station à la Sorbonne.
Petit (abbé). — Vie de la mère Antoinette d'Orléans fondatrice de la congrégation du calvaire.
Petit (Edouard). — Francis Garnier. Sa vie, ses voyages, ses œuvres.
Pfeiffer (Mme Ida). — Voyage autour du monde.
Pichenot (abbé). — Traité pratique de l'Éducation maternelle.
Pierling (Père). — Papes et tsars, 1547-1597.
Pierron (A.). — Mgr Darboy.
Pina (Cte de). — Deux ans dans le pays des épices.
Pioger (abbé). — Les splendeurs de l'astronomie, 5 vol.
Pitra (Cardinal). — Vie du R. P. Libermann.
Pizzetta (J.). — Le feu et l'eau.
Plantier (Mgr.). — Enseignements et consolations attachés à nos derniers désastres.
Plass (abbé). — Le clergé français refugié en Angleterre.
Pline le jeune. — Choix de lettres.
Ponlevoy (Père de). — Actes de la captivité et de la mort des Pères de la Cie de Jésus.
Pontchevron (de). — Mlle de Foix et sa correspondance.
Pornin (abbé). — Louise d'Ablainville.
Postel (abbé). — Mémoire du maréchal de Bassompierre.
Pothier (Père). — Le Cœur de Jésus salut de la France.
Poujoulat. — Cardinal Maury, sa vie, ses œuvres.
— Conquêtes de Constantinople par les Latins, 2 vol.
— Histoire de Jérusalem, 2 vol.
— de St Augustin, 2 vol.
— Le Révérend Père de Ravignan.

— Vie du frère Philippe, supérieur général des frères des écoles chrétiennes.

Pralon (Père Pierre). — Lionnel Hart.

Prédicateurs contemporains. — Conférences sur le Purgatoire et le culte des morts.

Prêtre de la même Cie (un). — Vie du Vénérable père Chanel, prêtre de la Compagnie de Marie.

Prêtre du Prado (un). — Le P. Chevrier, fondateur de la Providence du Prado.

Prêtre (un). — Vie de Mgr Borie, martyr.

Prevault. — Godefroy de Bouillon

Prévot (Duclos). — La ville enchantée. Voyage au lac Tanganika.

Puy Peny (abbé). — Vie de la R. M. Pauline de Faillonet, 2 vol.

Quatrebarbes (Cte de). — Souvenirs d'Ancone.

— Une paroisse Vendéenne sous la Terreur.

Quéant (abbé). — Gerbert et Sylvestre II.

Raffray (abbé). — Les adieux du prêtre, 2 vol.

Rafy (L.). — Lecture d'histoire ancienne.

— » » contemporaine.
— » » moderne.

Ragey (Père). — H^{re} de St Anselme archevêque de Cantorbéry, 2 vol.

Raillard (C). — Vingt jours au camp d'Avors.

Rallaye (L. de la). — Paris inconnu : les merveilles de la Charité.

— Le Rhône et la Méditerranée.

Rambaud (abbé). — Vie de St Paul.

Rambaud (Alfred). — Français et Russes.

Rastoul. — L'Église de Paris sous la Commune.

— Histoire populaire de la Révolution française.

Ratisbonne (abbé). — Vie de St Bernard, 2 vol.

Ravaillé (abbé). — Une semaine de la Commune à Paris.

Ravelet (Armand). — H^{re} du Vénérable Jn. Bte de la Salle.

Ravignan (Père de). — Conférences, 4 vol.
— Entretiens spirituels (couvent du S. C. 1856 — 1857).
— La vie chrétienne d'une dame dans le monde.
— Retraite sur le courage.
Raynal (Paul de). — Le mariage d'un roi 1721-1727.
Récamier (Mme). — Les amis de sa jeunesse et sa correspondance intime.
— Souvenirs et correspondance, 2 vol.
Régis (Louis). — Constantine.
Regnault (Emile). — Christophe de Beaumont, archevêque de Paris, 2 vol.
— La dauphine Marie Joseph de Saxe.
Relave (abbé). — Vie et œuvres de Topffer.
Religieuse de l'adoration perpétuelle. — Ste Brigitte de Suède, 2 vol.
Religieux de Lerins. — Vie de R. P. Marie Adrien.
Rendu (Victor). — Le Christ dans ses souffrances et dans sa mort.
Renière (Eusèbe de la). — Une femme forte et une mère.
Ribbe (Charles de). — La famille et la société en France avant la révolution, 2 vol.
— Une famille au xvie siècle.
Ricard (abbé), — Angèle ou les mémoires d'une enfant de Marie.
— L'abbé Combalot.
— Lacordaire.
— Lammenais.
— Gerbet et Salinis.
— Montalembert.
— Rohrbacher.
— Mois de Marie.
Richard (abbé). — Vie de la Bienheureuse Françoise d'Amboise, 2 vol.
Richardays (Mme R. de la). — Venise et l'Espagne.

Rigaud (R. Père). — Vie de la bonne sœur Bichier des Ages, fondatrice des filles de la Croix.

Rivoire (Denis de). — Mer rouge et Abyssinie.

Robersart (Ctesse de). — Journal de Voyage : Egypte.
— » Syrie.
— » Espagne.

Robichung (F. A.). — Souvenirs de la Haute Engadine.

Robinet de Clery. — Lassalle. Correspondance recueillie par.

Rochechouard, général (Comte de). — Souvenirs sur la Révolution, l'Empire et la Restauration.

Rochechouart (Cte de). — Pekin et l'intérieur de la Chine.

Rochejacquelin (Mise de la). — Mémoires, 2 vol.

Rochet (abbé). — Vie de St Jean Chrysostôme, patriarche de Constantinople.

Rochère (Ctesse de la). — La Syrie.

Rollet. — Lettres intimes de Mlle de Condé.

Rondelet (Antonin). — L'éducation de la vingtième année.
— Le lendemain du mariage.
— Le livre de la vieillesse.

Rosset (Mgr). — La franc-maçonnerie et les moyens pour arrêter ses ravages.

Rousseau (L.). — Les habitations merveilleuses.

Rousset (Camille). — Le marquis de Clermont Tonnerre.

Rouvier (Père Frédéric). — Au pays des Hurons.

Roy (J. E.). — Hre de Louis XII.
— Les français en Egypte.

Rozan (Charles). — A travers les mots.
— Au milieu des hommes.
— La bonté.
— La jeune fille.

Russell Killough (Cte). — Dix années au service pontifical.
— Seize mille lieues à travers l'Asie et l'Océanie, 2 vol.

Sainmont (Paul). — Algérie, Tonkin, Cambodge. Souvenirs et impressions d'un soldat du 2e zouave.

Sr René Taillandier. — Le Général Philippe de Ségur, sa vie et son temps

Saivet (Mgr). — Le Colonel Pacqueron.

Sainte-Foi (Charles). — Les heures sérieuses du jeune âge.

— Les heures sérieuses d'une jeune femme.

Sales (St François de). — Introduction à la vie dévote.

— Lettres pieuses extraites de sa correspondance.

— Lettres adressées à des gens du monde.

— Le chemin de la perfection chrétienne montré et aplani.

Sallesse (abbé). — Devoirs mutuels des parents et des enfants.

Salzano (Mgr). — Vie de St Thomas d'Aquin docteur de l'Eglise.

San Carlos de Perdrozo (Mise).— Les Américains chez eux.

Sarazin. — Récits de la dernière guerre.

Schubert. — Premier voyage d'un enfant.

Schouvaloff (Père). — Ma conversion et ma vocation.

Séguin (Père Eugène). — Histoire du Père Claude de la Colombière.

Ségur (Général de). — Histoire de Napoléon et de la Grande armée, 2 vol.

— Vie du Cte Rostopchine.

Ségur (Marquis de). — A la maison.

— La caserne et le presbytère.

— Sabine de Ségur.

— Sursum Corda.

— Vie de l'abbé Bernard vicaire général de Cambray.

— Vie de Mme Molé fondatrice des sœurs de la charité de St-Louis.

— Souvenirs et récit d'un frère.

— Un hiver à Rome.

Ségur (Mgr de). — Journal d'un voyage à Rome.

— Le général de Ségur.

— Le souverain pontife.
— Lettres, 2 vol.
— Ma mère, souvenirs de sa vie et de sa sainte mort.
Séjournée (Père Auguste). — Un apôtre des petits enfants. Vie du Père Jeantier.
Semichon (E.). — La paix et la trève de Dieu.
Sepet (Marius). — Jeanne d'Arc.
Sergy (E.). — Carmen Sylva (Elisabeth reine de Roumanie).
Sicard (abbé). — Les deux maîtres de l'enfance : Le prêtre et l'instituteur.
Simonin (L.). — L'or et l'argent.
Smiles (Samuel). — Le caractère.
— Self Help.
Sœur (Une). — Une femme apôtre ou vie et lettres d'Irma le Fer de la Motte.
— L'Indiana suite d'une femme apôtre.
— Jeanne Jugan et les petites sœurs des pauvres.
Sorin (abbé). — Henri de la Tocnaye capitaine de frégate.
Soucy (Mme de). — Couronne des Stes femmes, 2 vol.
Sougé (Mme de). — Les saintes du paradis, 2 vol.
Soyer (abbé Eugène). — St Michel Archange.
Stanley (H.). — Comment j'ai retrouvé Livingstone.
Surcouf (Robert). — Un corsaire Malouin : Robert Surcouf.
Surien (prêtre de l'Oratoire). — Pensées et discours inédits.
Surville (mère de). — La servante des pauvres.
Sylvain (abbé Charles). — Vie du R. Père Hermann.
Sylva (Carmen). — Pensées d'une reine.
Sylvanecte. — Profits Vendéens.
Taine (H.). — Les origines de la France contemporaine : L'ancien régime.
— La révolution : I L'anarchie.
　　　　　　　　II La conquête jacobine.
　　　　　　　　III Le gouvernement révolutionnaire.
　　　　　　　　IV Le régime moderne.

Tauvel (R. P. Philibert). — Vie du Père Damien apôtre des lépreux.

Taxil (Leo). — Les frères trois points, 2 vol.

— Le culte du grand architecte.

Thiébaut (abbé). — Marie dans les fleurs.

Thiriat (Xavier). - Journal d'un solitaire.

Thureau Dangin. — H^{re} de la Monarchie de Juillet, 5 vol.

Tissandier (G.). — Les fossiles.

Tissot (Père) — L'éducation dans la famille et dans les écoles.

Tissot et Amero. — Au pays des nègres.

— Le pôle Nord et le pôle Sud.

Todière (de) — H^{re} de Louis XII.

— L'Autriche sous Marie Thérèse.

Tolstoï (Comte L.). — Souvenirs de jeunesse.

Toulza (Ph. de). — La princesse Agnès de Salm-Salm au Mexique en 1867.

Toupin (abbé). — Hre de Ste Hélène.

Tournafond (P). — La Corée.

Toytot (E. de). — Les romains chez eux.

Trébutien (G. S.). — Eugénie de Guérin, journal et fragments.

— Lettres d'Eugénie de Guérin.

— Maurice de Guérin.

Tribouillard (M. J.). — Histoire illustrée des grands voyages.

Trognon (A). — L'apôtre St Paul.

— Vie de Marie Amélie reine de France.

Trouillat (abbé). — Vie de Marie de Valence.

Turquet (abbé). — Cinq ans de captivité à Cabrera.

Turquety (Edouard). — Un acte de foi.

Vaissière (Père de la). — H^{re} de Madagascar, ses habitants, ses missionnaires.

Vallet (abbé). — Le livre des bons parents.

Vambery (Arminius). — Voyage d'un faux derviche dans l'Asie centrale.

Vandal (A.). — En karriole à travers la Suède et la Norvège.

Vattemare. — David Livingstone : Voyage au Zambèze et dans l'Afrique centrale.

Vaugé (prêtre de l'Oratoire). — Traité de l'Espérance chrétienne.

Vaudon (Père). — L'évangile du Sacré Cœur.

Vanssay (Henri de). — Mgr Mermillod.

Vedrenne (abbé). — Vie de Charles X, roi de France, 3 vol.

Ventura de Raulica (R. P.) — Apostolat de la femme catholique, 2 vol.

Verdalle (abbé de). — Vie de Marie Marguerite de Lezeau et Histoire des orphelines de la légion d'honneur.

Vérité (Hippolyte). — Citeaux, la Trappe et Bellefontaine.

Verne (Jules). — Grands voyages, 6 vol.

Verschuur (G.). — Aux Antipodes.

Veuillot. — Çà et là, 2 vol.

— Correspondance. 6 vol.

— Rome et Lorette.

Vianney (Vble curé d'Ars). — Sermons, 4 vol.

Vigneron (abbé Lucien). — A travers l'Espagne et le Portugal.

— A travers l'Algérie.

— Au-delà du Rhin.

Villain (Henri). — Les mystères d'une bougie.

Villard. — Correspondance inédite du Père Lacordaire.

Villefranche (J. M.) — Hre du général Chanzy.

— Pie IX.

— Hre de dom Bosco.

Villeneuve Flayosc (Ctsse de). — Hre de Ste Roseline de Villeneuve.

Villeneuve (Cte Guibert de). — Les clefs du bonheur

Villiers (de). — Tablettes d'un mobile.

Vindry (abbé E.). — Vie du vénérable Jean-Louis Bonnard, missionnaire au Tonkin.
Viollet (Paul). — Lettres intimes de Mlle de Condé à M. de la Gervaisais 1786-1787.
Vogüé (de). — Souvenirs et visions.
— Le roman russe.
Vuy (Jules). — Vie de Mme de Charmoisy, 2 vol.
W... (Ernest). — Un tour dans les prairies.
Waddeville (Mme de). — Le monde et ses usages.
Walsch (Vte). — Souvenirs de cinquante ans, 2 vol.
— Tableau poétique des fêtes chrétiennes.
White (R. Père). — Vie de Mme Seton fondatrice des filles de charité aux Etats Unis.
Witt (de). — Charlotte de la Tremoille Ctesse de Derby.
Wayant (abbé). — Guérisons miraculeuses opérées pendant l'exposition de la ste robe à Trèves en 1844.
Winspeare (G.). — Contre vent et marée.
X. M. B. — Vie intime de J. M. Vianney Curé d'Ars.
— Anne Dominique de Noailles marquise de Montagu.
— Aujourd'hui et demain.
— Au jour le jour ou la foi et le cœur d'une mère.
— Avant l'automne.
— Conférences sur le Purgatoire et le culte des morts.
— De Paris à Pékin par terre.
— Exemples de vie chrétienne offerts aux jeunes personnes.
— Histoire du maréchal de Villars.
— » de Pie IX.
— » de ste Thérèse d'après les Bollandistes.
— » d'une mère ou ce que peut une femme chretienne par ses enfants.
— » de St Alphonse de Liguori.
— Impressions et croquis.
— Jeanne d'Arc.
— La cour de l'empereur Guillaume.

— La croix et l'épée.
— La mère selon le cœur de Dieu.
— La vierge chrétienne.
— La vie et la mort d'A. de Dainville.
— Les deux filles de Ste Chantal.
— Louis et Auguste Ruellan prêtres de la Cie de Jésus.
— Madame Recamier.
— Manuel de la société de St Vincent de Paul.
— Marie Louise Frossart élève de la congrégation de Notre Dame.
— Marraine et filleule.
— Mémoires d'un père sur la vie et la mort de son fils.
— Mon cher petit cahier.
— Notice sur la R. M. Marie de la providence fondatrice de la société des religieuses auxiliatrices des âmes du Purgatoire.
— Nouveaux exemples de vie chrétienne, 2 vol.
— Paul Seigneret séminariste à St Sulpice.
— Pauline Marie Jaricot fondatrice de la propagation de la foi.
— Près d'un berceau.
— Quinze ans de révolution de 1789 à 1804.
— Ste Brigitte de Suède, 2 v.
— Sainte Madeleine et la sainte Baume.
— Souvenirs de la congrégation de Notre Dame.
— Souvenirs des conférences de Ste Valère.
— Une vocation, lettres à un ami.
— Vie du R. P. Adrien religieux de Lerins.
— » du R. P. Antoine abbé de la trappe de Meilleray.
— » du R. P. Chomel.
— » de Mr Faillon prêtre de St Sulpice.
— » du Bienheureux Nicolas de Flüe.
— » id. Pierre Fourrier.
— » du Cte de Malet.
— » du R. P. Raphaël frère prêcheur expulsé.

— » de Mme la Duchesse de Larochefoucault Doudeauville fondatrice de la société de Nazareth.
— » de St François Regis.
— Vie et correspondance de Théophane Vénard prêtre des missions étrangères.

Nouvelles, Romans, Bibliothèque rose.

Adam de l'Isle. — La nièce du docteur.
— Le serment.
— Scènes de la vie australienne.
— Un mystère.
Ages (Lucie des). — La grand'mère de Gilberte.
— La Prophétie de Maurice.
Aigueperse (Mathilde). — La Fresnaie.
Alcott (miss). — Sous les lilas.
Alexandre (Mrs). — Autour d'un héritage.
Allègre (abbé). Corbeilles d'histoires et de légendes, 3 vol.
Alta Rocca (Remy d'). — Le collier d'Hélène.
— Le manuscrit d'une femme aimable.
— Les infortunes d'André.
— Dans un vieux logis.
Anderson (W. H.). — Le Robinson des Antilles.
Angélique (Mme). — Les balances du Bon Dieu.
Anjou (Germaine d'). — La petite nièce d'O Connel.
Arbouville (Mme d'). — Une vie heureuse.
Archier (Adolphe). — Les devoirs d'une femme.
Armoises (A. des). — Les millions du beau père.
Arnault (L.). — Les protégés de Marie.
Artois (Hugues d'). — La tour des roches.
Arvor (Mme Camille d') — Gabrielle.
— La cassette du baron du Faouëdic.
— Maxime Dufournel.
— Mémoires du marquis de Champas.
Arvor (Gabrielle d'). — Berthe ou la fille du banquier.
— Églantine.

— Lucie.

— Amélie ou Dieu fait bien toutes choses.

— Pied léger aventures d'un jeune montagnard.

Assolant (A.). — Aventures merveilleuses du capitaine Cocoran, 2 vol.

Audeval (Hippolyte). — Histoire d'une bague d'argent.

— La dame guerrière

— La famille de Michel Kagenet.

— La grande ville.

— Les cœurs simples.

— Paris et province.

Aurgel (G. d'.). — L'anneau de bronze.

— Trop de dot.

Auvray (Emile). — L'ambitieuse.

— L'étoile filante.

— La ferme des églantiers.

— La promesse de Marcelle.

— Le chalet des mélèzes.

— Le rocher de Sisyphe.

— Le secret de la chambre verte.

— Contes d'automne.

— Sœur Mirane.

— Un chemin de velours.

— Un roman de province.

Aveine (E. d'). — Devant l'ennemi.

Aveline (A d'). — La feuille de trèfle.

— Le village des alchimistes.

Avignon (de Norew Baronne). — Les quatre missions.

Avolr (Charles d'). — La vengeance d'un père.

Aylicson — Gina, histoire d'une orpheline.

— La fille du cacique.

— Fanny Dayton.

Aymard (Gustave). — Le chercheur de pistes.

— Le robinson des Alpes.

— Les bandits de l'Arizona.

— Les pirates des prairies.
— Les trappeurs de l'Arkansas.

Badin (A.). — Jean Casteyras.
Bailleul (Louis). — Laure Aubry.
Baissac (Charles). — Récits créoles.
Baker (sir Samuel). — L'enfant du naufrage.
Balbo (Cte César). — Six nouvelles.
Balleguier (Noémi). — Tante Hélène.
Ballerini (Père). — La pauvresse de Casamari.
Balleydier (Alphonse). — Veillées de famille.
—   »   »   militaires.
—   »   »   du presbytère.
Baptiste (Père). — Ailey Moore scènes irlandaises.
Barancy (Jean). — La folle de Virmont.
Barr (Maurice). — Les filles du lapidaire.
Barrau (Th. H.). — Amour filial récits à la jeunesse.
Baulieu (M. de). — Le robinson de douze ans.
Bazin (René). — Les Noellet.
— Une tache d'encre.
Béal (Gabrielle). — Demi-sœurs.
— Histoire intime.
— Trop petite.
Beaumont (Ctesse de). — Histoire d'un cirque.
— Seule.
Beaurepaire de Louvagny (Ctesse de). — Les sauveteurs de l'asphalte.
— Tante-Lardelle.
Beecher-Stove (Mme). - A propos d'un tapis.
— Ma femme et moi.
Bellamy (Edward). — La sœur de miss Ludington.
Bentzon (Th.). — Contes de tous les pays.
— Mme Delphine.
— Yette.
Beppa (Marie). — Religieuse et mère.

Bergsoe (Guillaume). — Pillone.
Berlioz d'Auriac. — La guerre noire, souvenirs de St Domingue.
Bernard Derosme (Charles). — Le capitaine du vautour.
Berquin. — Sandford et Merton.
Bersezio (Vittorio). — Pauvre Jeanne.
Bersier (Mme Eugène). — Le journal de Marc.
Berthet (Elie). — La petite Chailloux.
— La roche aux mouettes.
— La tour du télégraphe.
— Le bon vieux temps.
— L'enfant des bois.
Bertin (Marthe). — La fée de la maison.
— Les petits Laroche.
— Friquet.
— Simon et Simone.
— Trop faible.
Besancenet (Alfred de). — Alsace et Lorraine.
— Contes d'un champenois.
— Dona Gracia.
— Gaudinos et Cie.
— Jenny les bas rouges.
— Les martyrs inconnus.
— Le portefeuille du général.
Beugnon (H. de). — Anthony ou le crucifix d'argent
Beugny (d'Hagerue). — Claude Burget.
— Le docteur Ambrosius.
— Le fils du docteur Ambrosius.
— Le roman d'un Jésuite.
— Le secret de Rose.
— Mlle de la Rochegautier.
— Mémoires d'un commis voyageur.
— Nelly.
Biard (Mlle Louise). — La batelière de Venise.

— Les exilés de la Souabe.
BIART (Lucien). — A travers l'Amérique, nouv. et récits.
— Aventures d'un jeune naturaliste.
— Entre deux océans.
— Entre frères et sœurs.
— Le fleuve d'or.
— Le Pensativo.
— Le roi des prairies.
— Lucia Avila.
— Mr Pinson.
— Quand j'étais petit.
BIDAL (Jh). — Les églantines de la Vierge Marie.
BION (Pierre). — L'anneau impérial.
BLACKMORE (R. D.). — Eréma, 2 vol.
BLANCHÈRE (H. de la). — Autour du lac.
— Le père Branchu.
— Le trésor de Montcalm.
— Les idées de Mr Bras d'acier.
— Oncle Tobie le pêcheur.
BLANDY (S). — Bénédicte.
— Contes de Noel.
— Fils de veuve.
— La dernière chanson.
— La dette de Zééna.
— Le petit roi.
— Le procès de l'absent.
— Les épreuves de Norbert.
— Mon ami et moi.
— Pierre de touche.
— Tante Marise.
— Un oncle à héritage.
BOAÇA (de). — Calby ou les massacres de septembre.
BOCHET. — L'île providentielle, 2 vol.
BOCK (Charles). — Le royaume de l'éléphant blanc.

Boden (Mme D. de). — Elisabeth.
— Le filet et l'hameçon.
— Loin de Paris.
— Marie Christine.
— Michelette.
— Scènes de la vie intime.

Boisgobey (F. de). — Fontenay coup d'épée, 2 vol.

Boissonas (Mme de). — Une famille pendant la guerre 1870-1871.

Bolanden (de). — Le prisonnier de Kustrin.

Bonhomme (Paul). — Deux mariages.

Bonnefont (G.). — Les deux roses blanches.
— Un garçon plein d'idées.

Borel (Georges). — La famille du condamné.

Bornier (Vte H. de). — Comment on devient belle.
— La Lizardière.
— Le jeu des vertus.
— Louise de Vauvert.

Bory (Paul). — Les chercheurs de quinquinas.

Bossuat (E.). — Le pêcheur de Penmarck.

Bouard (Bnne S. de). — Anne de Kerlaudy.
— La fiancée du comte.
— Reine de Chanteneuil.

Bouilly (J. M.). — Contes.

Bouniol (Bathild). — Cœur de bronze.
— La famille du vieux célibataire.
— Les deux héritages.

Bourdon (Mme M.). — Abnégation.
— Agathe ou la première communion.
— Catherine Herway.
— Denise.

Bourdon (Mme). — Euphrasie.
— Femme et mari.

— Henriette de Bréchault.
— Hre d'un agent de change.
— 	»	d'une fermière.
— La femme d'un officier.
— La ferme aux ifs.
— La planche du salut.
— Le divorce.
— Le lait de chèvre.
— Le matin et le soir, journal d'une femme de 50 ans.
— Le ménage d'Henriette.
— Le mariage de Thècle.
— Le pain quotidien.
— Le val St Jean.
— Les premiers et les derniers.
— Les trois sœurs.
— L'héritage de Françoise.
— Léontine.
— Mlle de Chénevaux.
— Marc de Lheiningen.
— Nouvelles historiques.
— Nouvelles variées.
— Pulcherie.
— Quelques heures de solitude.
— Rivalité.
— Seule dans Paris.
— Un rêve accompli.
— Une faute d'ortographe.
— Veillées du patronage.

BOURGEOIS (Marie Le). — **La goutte de miel.**
— La mouette du rocher.
— Marie.

BOURGET (Paul). - **André Cornélis.**

BOURNICHON (Jh). — **Sitting Bull.**

Bourotte (Mélanie). — Sans héritiers.
— Tout du long.
Bou Saïd (Capitaine). — Le marabout de Sidi Fatallah.
Bourzeis (Honoré de). — Les deux pères.
Bbaddon (Mrs E.). — Henri Dunbar 2 vol.
— Lady Lisle.
— Le capitaine du vautour.
— Les oiseaux de proie 2 vol.
— La chanteuse des rues 2 vol.
Braimes (de). — Le prix de la foi.
Bray (Mme de). — L'étoile de la mer.
— Mémoires d'un bébé.
— Un intérieur de famille.
Brehat (Alfred de). — Aventures d'un petit parisien.
— Les chemins de la vie.
Bremer (miss Frédérika). — Guerre et paix.
— La famille H.
— Le foyer domestique.
— Les filles du président.
— Les voisins.
— Scènes de la vie Dalécarlienne.
Brémond (Georges). — Les jumeaux de Montréal.
— Maner Nevez.
Bresciani (A.). — Edmond scènes de la vie populaire à Rome.
— Le juif de Vérone.
Bret (Jacques). — Eljen.
— Messieurs de Cizay.
Brète (Jean de la). — Le comte de Palène.
— Le roman d'une croyante.
— Mon oncle et mon curé.
Breton (Emile). - L'héritage de l'oncle Michel.
— Le mariage d'Elisabeth.
Broc (Vte de). — Au coin du feu.

Brown, — Voyage à dos de baleine.
Brunner (Mgr Sébastien). — Les montagnards d'Oberrammergau.
Buet (Charles). — Aubanon cinq liards.
— Contes à dormir debout.
— Contes à l'eau de rose.
— Hauteluce et Blanchelaine.
— Irène Barthori.
— Le capitaine gueule d'acier.
— Le maréchal de Montmayeur.
— Le Pont d'Arécy.
— Le prêtre.
— Les coups d'épée de M. de Pupplinge.
— Les gentilshommes de la cuiller.
— Les savoyardes.
— Légendes des bords du lac
— L'enfance d'un saint.
— Scènes de la vie cléricale.
Buisseret (Ctesse de). — Deux filles de notre monde.
— Ghislaine.
Bulwer (Lytton). — Eugène Aram 2 vol.
— Jour et nuit 2 vol.
— Les derniers jours de Pompéi.
Burnett (mistress). — La fille à Lowrie.
Busnach (William). — Le petit gosse.
Busserolle (L. de). — Les deux vallées.
Bussy (M. de). — Veillées sur terre et sur mer.
Buxy (B. de). — Le secret de Lusabran.
Caballero (Fernand). — Clémencia.
— Rien n'est parfait ici bas.
— Un ange sur la terre.
Caddell (Maria). — Agnès ou la pte épouse du Saint Sacrement.
Cahun (Léon). — Les pilotes d'Ango.

CALEMARD de la Fayette. — La prime d'honneur.
— Petit Pierre le bon cultivateur.
CALIHAT (abbé Henri). — Mémoires d'une hirondelle.
— Une plume, un pinceau, une croix.
CAMPFRANC (du). — Edith.
— Etrangère.
— La comtesse Madeleine.
— La dot de Germaine.
— La mission de Marguerite.
— Le balcon de la Chénaie.
— L'exil.
— Le manuscrit d'Inès.
— Le marquis de Villepreux.
— Obéissance.
— Perle fine.
— Sœur Louise.
— Un vieil homme de lettres.
— Yves Trevirec.
CANDÈZE (Dr). — Perinette.
CANTACUZÈNE (Altiéri princesse). — Irène.
— Le mensonge de Sabine.
— Le passage d'un ange.
— Poverina.
— Tante Agnès.
CANTELOU (Sophie de). — Les orphelines de St. Cloud.
CARÇANO (Jiulio). — Le chapelain de la Rovella.
CARLEN (Mme Emilie). — Une femme capricieuse 2 vol.
— Un brillant mariage.
CARPENTIER (Mme Emelie). — La dame bleue.
— La maison du Bon Dieu.
— La tour du preux.
— Les jumeaux de Lusignan.
— Les vaillants cœurs.

— Mémoires de Barbe Bleue.
— Pierre le tors.
— Sauvons-le.
Carrey (Emile). — Aventures de Robin Jouet.
Carrissan (Céline). — Le récit de Catherine.
Cassan (Mme Marie). — Le notaire de Lozers.
— Le roi des Jacques.
Castellana Acquaviva (Ctesse de). — Mlle de Roqu...
Castéga. — Le drapeau du régiment.
Catherine (M. A.). — Les fiancés du Danemark.
Cauvain (Jules). — Le chariot d'or.
— Le grand vaincu 2 volumes.
— Le roi de Gand.
— Les proscrits de 93.
— Maximilien Heller.
Cazin (Mme). — Aventures de Jean le savoyard.
— L'enfant des Alpes.
— Le petit chevrier.
— Les saltimbanques.
— Perlette.
— Un drame dans la montagne.
Cecyl (Aymé). — Cœurdoulx.
— Les jeunes filles.
— Simples récits.
Celières (Paul). — Contez-nous cela.
— Les grandes vertus.
— Une exilée.
Champol. — Madame Melchior.
— Un coup de patte.
Chandeneux (Claire de). — Blanche neige.
— Cléricale.
— La vengeance de Geneviève.
— La croix de Mouguerre.
— La femme du capitaine Aubépin

— Les filles du colonel.
— Le mariage du trésorier.
— Le lieutenant de Rancy.
— La dot réglementaire.
— La tache originelle.
— Les deux femmes du major.
— Les ronces du chemin.
— Les terreurs de lady Suzanne.
— L'automne d'une femme.
— L'homme pendule.
— L'honneur des Champaveyre.
— Le mari de Laurence.
— Secondes noces.
— Souvenirs de Bérénice.
— Un cœur de soldat.
— Un roman dans une cave.
— Une fille laide.
— Une parisienne sous la foudre.
— Vaisseaux brûlés.
— Val Regis la Grande.
CHANTREL (J.). — La falaise de Menil-Val
— L'Eglise et l'usine.
— Les deux clochers.
CHARNAY (Désiré). — A travers les forêts vierges.
CHATAIGNERAIE (G. de la). — Le tombeau d'une mère.
CHATEAU (Pierre du). — Deux puissances ennemies.
— L'écueil.
— Les locataires de Mr Godillot.
— Notre demoiselle.
— Pauvre Jean.
CHATENAY (Ctesse de). — Marcelle journal d'une jeune fille.
CHAUVIÈRE (Patrice). — Oronoko.
CHÉRON de la Bruyère (Mme). — Contes à pépée.

— La perruque du grand père.
— Les enfants de Bois fleuri.
— Tige de lys.
CHERVILLE (Gustave de). — Gaspard l'avisé.
— Le mousse.
— Matador.
CHERZOUBRE (de). — Françoise de Chaverny.
CHEVALET (Emile). — L'héritière de Crazanes.
CHRISTIAN. — L'esprit du château de Xénémont.
CLAIR (Père Charles). — Grippard, H^{re} d'un bien de moines.
CLAVIÈRE (Marie de la). — Les enfants de la Roseraie.
· Sept ans plus tard ou les adolescents de la Roseraie.
COLET (Mme Louise). — Les enfances célèbres.
COLETTE (Mme). — Deux cousines.
COLLAS (Louis). — L'enfant volé.
COLLINS (Wilkie). — L'abîme.
— L'Hôtel hanté.
— La fille de Jezabel.
— La pierre de lune, 2 vol.
— La piste du crime 2 vol.
— Pauvre Lucile, 2 vol.
COLOMB (Mme J.). — Chacun son idée.
— Contes pour les enfants.
— Histoires et proverbes.
— Ici et là.
— Jean l'innocent.
— Les révoltes de Sylvie.
— Sabine.
— Simples récits.
— Souffre douleur.
C. M. C. (abbé). — Les véridiques aventures d'un jésuite-soldat.
COMBES (Abel). — Le secret du boomerang.
— Le trou de l'enfer.

Conscience (Henri). — Aurélien 2 vol.
— Le bourgmestre de Liège.
— Le guet apens.
— La guerre des paysans.
— La sorcière flamande.
— Le Chemin de la fortune.
— Le coureur des grèves.
— Le fléau du village.
— Le gentilhomme pauvre.
— Le jeune docteur.
— Le martyre d'une mère.
— La voleuse d'enfants.
— Le pays de l'or.
— Le supplice d'un père.
— L'abîme.
— L'oncle Jean.
— L'orpheline.
— Souvenirs de jeunesse.
— Une affaire embrouillée.
Conscience (Marie). — Deux familles d'ouvriers.
— La pièce de vingt francs.
— Un million comptant.
Conway (Hugues). — Vivant ou mort.
Coob (William). — Marien.
Cooper (Fenimore). — A bord et à terre.
— A toutes voiles.
— Deerslayer.
— Eve Effingham.
— La prairie.
— Le bourreau de Berne.
— Le bravo.
— Le corsaire rouge.
— Le cratère.
— Le dernier des Mohicans.
— L'écumeur de mer.

— L'espion.
— Le feu follet.
— L'Heidenmauer.
— Le lac Ontario.
— Le paquebot américain.
— Le pilote.
— Le porte chaînes.
— Les deux amiraux.
— Les lions de mer.
— Les Monikins.
— Les pionniers.
— Les puritains.
— Lionel Lincoln.
— Mercédès de Castille.
— Mœurs du jour.
— Précaution.
— Ravensnest.
— Satanstoë.
— Wyandotté.
Coppin (José de). — Courageuse.
Cordier (Mme). — Stephane et Marie.
Coupey (A.) — L'orpheline du 41e.
Courcy (Alfred de). — Le bois de la Boulaye
— Trop tard.
— Le roman caché.
Courneau (Attale du). — Jean Poigne d'acier.
Craddoch (Egbert). — Le prophète des montagnes fumeuses.
Craik (mistress). — Deux mariages.
— Le fils aîné.
— Le roi Arthur.
Craven (Mme). — Anne Sévérin.
— Fleurange 2 vol.
— Le mot de l'énigme 2 vol.
— Le Valbriant.

Crémer. — Scènes villageoises.
Cresseden (Léa). — Les réflexions de Mr de Metz.
— Les vacances de Pauline.
— Sarah Jeffrier.
— Pauline.
Croix d'Hins (famille). — Deux femmes.
— Valentine de Mérinvielle.
Croisy (Henri de). — Henriette.
— Histoire intime.
Cugnag (de). — Souvenirs vendéens.
Cummins. — L'allumeur de reverbères.
— La rose du Liban.
— Mabel Vaughan.
Danilewski (Grégoire). — La princesse Tarakanof.
Dars (Marie). — A travers l'épreuve.
Darville (Lucien). — Alsace et Bretagne.
— La Belle Olonnaise.
— La famille Monval.
— La grande victime.
— Les agents des ténèbres.
Daryl (Philippe). — En Yacht.
— Signe Meltroë.
Daudet (Alphonse). — La belle Nivernaise.
Daudet (Ernest), — Le roman d'une jeune fille.
Delafaye Brehier (Mme). — Alice ou la jeune fille mère de famille.
Delaforest (Guy). — L'Alsace, souvenirs de la guerre de 1870-1871.
— La Lorraine, souvenirs de la guerre de 1870-1871.
— La maison de ma tante.
Delaporte (Père V). — Récits et légendes 2 v.
Delaunay (E.). — Le trappiste de Staouëli.
— Mademoiselle France.
— Marie de Sancenay.
Delcroix (Victor). — Le conseil et l'exemple.

Delpit (Ed.). — Paule de Brussange.
Deltuf (Paul). — La ferme du manoir.
Desbeaux (Emile). — Le mystère de Westfield.
Deschaumes (Edmond). — Journal d'un lycéen de 14 ans pend. le siège de Paris 1870-1871.
Desgranges (Guillemette). — Le chemin du collège.
Deshayes Dubuisson. — La Marjolaine.
Deslys (Charles). — Courage et dévouement.
— Grand maman.
— La dot d'Irène.
— La loi de Dieu.
— La majorité de Mlle Bridot.
— L'ami François.
— Les diables rouges.
Desmoulins (Mme G). — La petite fée aux oiseaux.
Desnoyers (Louis). — Les aventures de Robert Robert.
— Les mésaventures de Jean Paul Choppart.
Desormeaux (Mme). — Mémoires d'une petite chatte.
Desportes (abbé Henri). — Le juif franc-maçon roman contemporain.
Desprez de la Ville Tual (Mme). — Marie Sainte Trégonnec.
Desves (Mlle A.). — L'ange de la famille.
— Louise Murray.
— Reine Marguerite.
— Une nuit en chemin de fer.
Devoille (A.). — Andréas ou le prêtre soldat.
— Iréna ou la Vierge lyonnaise 2 vol.
— La croix du sud.
— La dame de Châtillon.
— La prisonnière de la tour.
— Le cercle de fer.
— Le fruit de l'arbre.
— Le proscrit.
— Le renégat.

— Le solitaire de l'île Barbe.
— Le terroriste.
— Les apostats et les martyrs.
— Les croisés 2 vol.
— Les prisonniers de la Terreur.
— Les suites d'un caprice.
— L'œil d'une mère.
— Lucie de Poleymieux.
— Une mère de famille.

Diard (Louise). — La batelière de Venise.

Dickens (Charles). — Aventures de Martin Chuzzlewith 2 vol.
— David Copperfield 2 vol.
— Dombey et fils.
— Contes.
— Olivier Twist.

Didier (Edouard). — La petite Modeste.

Didier (Urbain). — Aux champs.
— Joseph Regnier.
— La ligne droite.

Dionaz (Aimée). — Volte face.

Djertz (Mme Marie). — Gabrielle.

Dombre (Roger). — Doctoresse.
— La maison sans fenêtres.

Domenech (abbé). — Légendes irlandaises.

Dominique (abbé). — La barque maudite.
— L'espion malgré lui.
— Les trois parties d'échecs.
— Un peintre célèbre.

Donel (Lucien). — Devant l'âtre.

Doublet (Victor). — Amalia Corsini.

Douhaire. — Les conteurs russes.

Drault (Jean). — Chapuzot est de la classe.
— Le sergent Chapuzot.

Drioude (E. S.). — Edmour et Arthur.
— Les solitaires d'Isola Doma.

— Lorenzo.
DROHOJOWSKA (Comtesse). — L'esclave.
— Le secret du bonheur.
DRUMOND (Edouard). — Le dernier des Tremolin.
DRURY (miss). — Marguerite Armadale.
DUARD (Louis). — La batelière de Venise.
DUBARRY. — Histoire d'une famille d'émigrants en Australie.
DUBOIS (Charles). — A qui la faute.
— Paul et Jeanne.
— Percheron fils.
— Récits d'un alsacien.
DUMAS (Alexandre). — La tulipe noire.
DUMONTEIL (Fulbert). — Voyage au pays du bien.
DUPUY (Antonin). — Le comte de Tréazek.
DURANDAL (P.). — Le supplicié vivant.
— Second voyage de Passe-Partout autour du monde.
DUSSAINT. — Le château de l'ours.
EDGEWORTH (miss). — Contes de l'adolescence.
EDWARDS (miss). — Mystérieuse disparition de Lord Brackenbury.
EDWARDES (Mrs.). — Brune aux yeux bleus.
EGLIGNY (Bnne d'). — Contes et nouvelles.
EINBECK (von). — Le pionnier de la croix.
ELIOT (George). — Le moulin sur la floss 2 vol.
— Middlemarch 2 vol.
— Silas Marner.
EMERY (Marie). — L'honneur d'un père.
— Lucie et Trèche.
— Trois mois au château.
— Une histoire contemporaine.
— Une saison à Spa.
ENAULT (Louis). — La Circassienne 2 vol.
ERCKMANN-CHATRIAN. — Le fou Yégoff.
— Le vieux de la vieille.
ERGIL (Francis). — Aventures de deux jeunes anglais.

Ermite (Jeanne L'). — Deux dévouements.
Erwin (Mme d'). — Un été à la campagne.
Escudero. — Luisa et Mercedès.
Essarts (Alfred des). - La femme sans Dieu.
— La force des faibles.
— La gerbe.
— La richesse des pauvres.
— Le marquis de Pontcallec.
— Le meneur de loups.
— Le roman d'un vieux garçon.
— Les cœurs dévoués.
— Les deux veuves.
— L'enfant volé 2 vol.
Ethampes (Gabrielle d'). — Berengère.
— Bretons et vendéens.
— Emilienne.
— Even le monadick.
— Germaine de Kerglas.
— Juliette le Bhénic.
— L'ainée de la famille.
— L'enfance de St-Louis et de sa sœur Isabelle.
— L'hermine de Kergoël.
— L'héritage du croisé.
— La famille du millionnaire.
— La fille de l'organiste.
— La main de velours.
— La maison du docteur.
— La muette d'Orvault.
— La perle du Thouaré.
— La petite étoile.
— La petite reine des Korrigans.
— La promesse de Jeanne.
— La roue qui tourne.
— La tour aux trésors.
— La villa aux roses.

— Le château de Coëtlec.
— Le château de Coët-Val.
— Le château de la Roche-montée.
— Le dévouement d'une jeune fille.
— Le logis aux ombres.
— Le secret de l'innocent.
— Le secret de Suzanne.
— Le sorcier de Kervistel.
— Le talisman de Marcelle.
— Les colombes de la Forlière.
— Les deux Alix.
— Les épreuves d'une mère.
— Les illusions d'Hélène.
— Les Lavandières.
— Les ruines de Fougueil.
— Mélite Belligny.
— Portraits de jeunes filles.
— Une haine séculaire.
— Une petite fille de Cendrillon.

Evans Oven. — Le Robinson des Antilles.

Erwin (Mme d'). — Heur et malheur.

Ewing (Mrs). — L'enfant du moulin.

Faber. — Veillées picardes.

Fabry (Mme A.). — Bonheur perdu.

Faligan (Ernest). — Le mendiant de la Coudraie.

Fangarezzi. — Elisa de Montfort.

Fath (Georges). — Bernard.
— Perdus au milieu de Paris.
— Un drôle de voyage.

Favre (Pierre). — L'épreuve de Georges.

Ferret (abbé). — Contes.

Fertiault (F.). — Le berger du béage.

Feuillet (Octave). — Honneur d'artiste.
— Sybille.

Féval (Paul). — Châteaupauvre.

— Chouans et bleus.
— Corentin Quimper.
— Fontaine aux perles.
— La chasse au roi.
— La cavalière.
— La fée des grèves.
— La louve.
— Valentine de Rohan.
— La quittance de minuit 2 vol.
— Le capitaine Simon.
— Le chevalier de Keramour.
— Le dernier chevalier.
— Le loup blanc.
— Le mendiant noir.
— Le régiment des géants.
— Les compagnons du silence.
— Le prince Coriolani.
— Les couteaux d'or.
— Les errants de nuit.
— Les parvenus.
— Les romans enfantins.
— Les veillées de famille.
— L'homme de fer.
— L'homme du gaz.
— L'oncle Louis 2 vol.
— Roger Bontemps.
— Rolland pied de fer.

FEYDEAU (Ernest). — Le secret du bonheur, 2 vol.

FEYROL (J.). — Aventures de deux français et d'un chien, en Australie.

FICY (Pierre). — La fortune de Roch-Aubry.
— Le mariage du ségare.
— Orpheline.
— Rolande Marney.
— La tâche de sœurette.

Fillastre (Anaïs). — Confidences de Dick et d'Azor.
Fitz-Gérald (W.). — Walter de l'Isle.
Fleming (M. A.). — Les chaînes d'or.
Fleuriot (Zénaïde). — Alix, 2 vol.
— Bigarette.
— Bouche en cœur.
— Cadette.
— Caline.
— Ce pauvre vieux.
— Marga.
— Charibde et Scylla
— Désertion.
— Ces bons Rosaëc.
— De trop.
— En congé.
— Eve.
— Faraude.
— Gildas l'intraitable.
— Sous le joug.
— Histoire intime.
— La clef d'or.
— La petite duchesse.
— Alberte.
— La glorieuse.
— La rustaude.
— Le clan des têtes chaudes.
— Au Galadoc.
— Bengale.
— L'héritier de Kerquignon.
— Cadok.
— Le petit chef de famille.
— Plus tard.
— Raoul Daubry.
— Les aventures d'un rural, 2 vol.
— Les pieds d'argile, 2 vol.

— Armelle Trahec.
— Les Prévalonnais, 2 vol.
— Mandarine.
— Tombée du nid.
— Mes héritages, 2 vol.
— Miss Idéal.
— Mon sillon.
— Notre capitale Rome.
— Notre passé.
— Parisiens et montagnards.
— Petite Belle.
— Réséda.
— Sans beauté.
— Tranquille et tourbillon.
— Le cœur et la tête.
— L'exilée du Val Argand.
— Une année de la vie d'une femme.
— Une chaîne invisible.
— Un enfant gâté.
— Une famille bretonne.
— Un fruit sec, 2 vol.
— Yvonne de Coatmorvan.

FLEURIOT KERINOU. — De fil en aiguille.

FLOENAN (Elie). — Mon oncle et ma femme.

FOA (Eugénie). — Six histoires de jeunes filles.

FOE (Daniel). — Robinson Crusoë.

FONTANE (Marius). — La guerre d'Amérique, récit d'un soldat du Sud, 2 vol.

FONTBELT. — Karl ou le guide montagnard.

FONVIELLE (de). — Le glaçon du Polaris.
— Néridah, 2 vol.

FOTHERGILT (miss Jessie). — Le premier violon.

FORGES (Ives des). — L'apostolat d'André.
— Le château de Byrogues.
— Le mariage d'Edith.

Fouinet (Ernest). — L'île des cinq.
— Allan ou le jeune déporté.
Fournel (Victor). — La confession d'un père.
Fourniels (Roger des). — Le gros lot.
France (Isabelle). — Fleur des glaces.
— La petite promise.
Franck (A.). — Roseline.
Franco (Père). — Benjamine.
— Les jumelles africaines, 2 vol.
Fredi (Pierre). — La pêche aux perles.
— Une chasse à l'éléphant dans l'île de Ceylan.
Fresneau (Mme A.). — Comme les Grands.
— Les protégés d'Isabelle.
— Thérèse à St-Domingue.
— Une année du petit Joseph.
Fullerton (Lady). — Ginévra.
— Hélène Middleton.
— La nièce de Mme Gérald, 2 vol.
— Laurentia.
— Plus vrai que vraisemblable, 2 vol.
— Rose Mary.
— Une vie orageuse, 2 vol.

G. (Mme). — La nuit de Noël.
Gael. — Les richesses de Mme Fortuné.
Gagne (Mme). — Nancy Vallier.
Gaillard (H.). — Les bouilleurs de cru.
Galdos Perez. — Marianella.
Garde (Marcellin la). — Récits de la Vesprée.
Gaskell (mistress). — Cousine Philis.
Gassiat (B. pronotaire apostolique). — Le Juif de Goritz.
Gaullieur (Henri). — Maud Dexter.
Gautier (Léon). — Scènes et nouvelles catholiques.
Gautier (Hypolitte). — En se cherchant.
Gay (Elisa). — Frère et sœur.
— Le marquis de Savone.

— Le roman d'une jeune fille pauvre.
— Les fiancés de St-Cyprien.
Gay (R. père). — Victorius ou Rome aux premiers temps du christianisme.
Génin. — La famille Martin.
Gennevraye (A.). — Marchand d'allumettes.
Geoffroy (Auguste). — Fille d'Irlande.
— Martyrs d'Irlande.
Georges (Paul). — L'enfant sans mère.
Gérald (Louise). — La maison Giniel.
Gérard (André). — L'enfant du 26e.
— Solange.
— Trop jolie.
Germondaye (S. de la). — Recueillie.
Gervais (Maria). — La femme sans Dieu.
— Le rayon bleu.
Giquel (Louise). — Antonio Sani.
Girard (Albert). — Le petit pâtre.
Girard (Just). — François ou les dangers de l'indiscrétion.
Girardin (Jules). — Bonnes bêtes et bonnes gens.
— La nièce du capitaine.
— La vie de ce monde.
— Le fils Valansé.
— Le locataire des demoiselles Rocher.
— Le roman d'un cancre.
— L'oncle Placide.
— Le neveu de l'oncle Placide, 3 vol.
— Les braves gens.
— Les bonnes gens.
— Les certificats de François.
— Les épreuves d'Etienne.
— Les gens de bonne volonté.
— Mauviette.
— Petits contes alsaciens.
— Récits de la vie réelle.

— Sans cœur.
— Un drôle de petit bonhomme.
— Un peu partout.
Girardin et Colomb. — Petites nouvelles.
Giraud (A.). — L'Oasis de Pleneuf.
Giron (Aimé). — Ces pauvres petits.
— Chez l'oncle Aristide.
— La maison qui pleure.
— Le manoir de Meyrial.
— Les cinq sous du Juif errant.
— Les lurons de la Gause.
— Les œufs de Pâques du Dr Printemps.
— Maître Bernillon.
— Un mariage difficile.
Gjertz (Mme Marie). — Gabrielle.
Gobat (abbé). — L'ange de Pâques.
— Le manoir de Barbara.
Godard (abbé). — Soirées algériennes.
Gonon (E.). — Le million de Marthe.
Gorman (W. O.). — Le foyer assiégé.
— Le prophète du monastère ruiné.
Gondry du Jardinet. — La main invisible.
Gouraud (Julie). — Chez grand'mère.
— Ma grand'mère.
— Le petit bonhomme.
— Les petits voisins.
— Marianne Aubry.
— Mémoires d'un caniche.
— Mémoires d'un petit garçon.
— Minette.
— Petite et grande.
— Pierrot.
— Quand je serai grande.
— Six nouvelles.
— Sur les genoux de **grand'mère**.

Grange (Jean). — Histoire d'un jeune homme.
— Le dessus du panier.
— Le Robinson d'eau douce.
— L'ingrat.
— Mémoires d'un commis voyageur.
— Mère St Ambroise ou souvenirs d'une sœur de charité.
— Noblesse oblige.
— Par dessus le buisson.
— Souvenirs d'un enfant de chœur.
— Souvenirs d'un gendarme.
Grenville Murray. — La cabale du boudoir, 2 vol.
— Une famille endettée.
— Veuve ou mariée.
Gréville (Henri). — Cléopâtre.
— Dosia.
— La fille de Dosia.
— Franckley.
— L'amie.
— L'avenir d'Aline.
— L'héritière.
— Le mariage d'Aurette.
— Le moulin Frappier, 2 vol.
— Nikanor.
Grimm (frères). — Contes choisis.
Guénot (Charles). — Ange Brancaléon.
— Blanche de Montlhéry.
— Chramm le maudit.
— Emma Vaubelier.
— Guillaume Hubray, scènes de la vie féodale.
— Hanani l'Essénien.
— Ives le Mayeur.
— La baronne de Rosenberg.
— La comtesse de Montbéliard.
— La fille de l'usurier.
— Lampegia ou la prisonnière des Arabes.

— La Mothe Friars.
— Le baron de Moncorvo.
— Le capitaine hollandais.
— Le chevalier au cor d'argent.
— Le comte de St-Yon.
— Le dernier des Lochleven.
— L'espion ou les Anglais chassés de France.
— Le fils aîné de l'Eglise.
— Le franc-tireur.
— L'héritier de Duncastel.
— L'homme sans nom.
— Le juge du roi.
— Le khalifat des Beni-Salem.
— Le maître de Hongrie.
— Le pâtre des Alpes.
— Le prisonnier de la Bastille.
— Le roi de la mer.
— Le sanctuaire d'Irmensul.
— Le transfuge.
— Les abeilles d'or.
— Les empoisonneuses.
— Les redresseurs de torts.
— Marie Brignon.
— Marie de Blâmont.
— Philippa, souvenirs du règne de Charles VI.
— Réginald ou le fils de la Juive.
— Roger d'Entragues ou les Français en Italie.
— Sigismer ou la marche des Francs.
— Un souvenir de la Terreur.
— Warderich ou le servage au XIIIe siècle.

GUÉNOT (Henri). — Arabella ou trente ans de l'histoire d'Angleterre.
— L'ermite du mont des Oliviers.

GUERRIER DE HAUPT (Marie). — Cœur loyal.

— Forts par la foi.
— La dette du bon Dieu.
— La famille Hartman.
— Le bonheur et l'argent.
— L'héritier des Montveil.
— L'institution Leroux.
— Le petit chaudronnier.
— Le roman d'un athée.
— Le royaume du bonheur.
— Le trésor de Kermerel.
— Le vieux château de la carrière.
— Perruche et fauvette.
— Un drame au village.
— William Selsby.

Guidi (Mme). — Je suis reine d'une maison.
Guillon (Mme). — Portraits de jeunes filles.
Guinaudeau (R.). — Paule Ste Reine.
Gustafson (Richard). — Autour du poêle.
Habberton (John). — Le plus mauvais gamin du village.
Hahn-Hahn (Ctesse de). — Doralice.
— Maria Régina, 2 vol.
Halévy (Ludovic). — L'abbé Constantin.
Halt (Marie-Robert). — Histoire d'un honnête petit homme.
— Monsieur Maurice.
Hameau (Louise). — La pêcheuse de crevettes.
— Les mémoires de Finette.
— Sans mère.
Hamilton Page. — Un collège de femmes.
Hauff (W.). — La caravane.
— Lichtenstein.
Hauterive (Mme d'). — Mesdames de Verdaynon.
Hayes (Isaac). — Perdus dans les glaces.
Helhem. — Le bonheur de la vicomtesse.
Hellimer (Regis). — La chevrière de Nancy.

Hembiz (Martin d'). — Une colonie sous l'étoile polaire.
Henri (abbé). — Judith.
— Trois légendes.
Henty (G.). — Dans les Pampas. — Les émigrants. — Les jeunes colons.
Hephell. — La maison du marais.
Herbert (M.). — Adoptée.
Herchenbach. — La quarteronne.
— Le manoir de Barbara.
— Le millionnaire et le balayeur des rues.
Hericault (Charles d'). — Aventures de deux parisiennes sous la Terreur.
— La fille de Notre-Dame.
Hermerel (Mme d'). — Loisirs des Casseaux.
Hervé Velasco (Mme). — Rêveries et réalités.
Hilaire (Ph. St.). — Jean de Kerdren.
— Les fiançailles de Gabrielle.
Hillern (Mme Wilhelmine). — La fille au vautour.
Hoffmann. — Les émigrants.
Hollard (Henriette). — Pauvre garçon.
Houet (E.). — La fleur des Gaules, 2 vol.
Hue. — Les voleurs de locomotives.
Irving (Washington). — L'Alhambra de Grenade.
Isle (Adam de l'). — La nièce du docteur.
— Le serment, épisode de la guerre d'Amérique.
— Scènes de la vie australienne.
Jackson (H.). — Ramona.
James (Henry). — L'américain à Paris, 2 vol.
Jauffret de Rambert (O). — Christine.
— La fille du mineur.
— Mlle de Saint-Pons.
Jenkin (Mme). — Qui casse paie.
Jobey (Charles). — Mon premier coup de fusil.
Jonveaux. — Le sacrifice de Paul Wynter.

Josefa (Marie-Thérèse). — Antour d'une dot.
— La ferme aux lilas.
— Mariage mixte.
— Sans brevet.
Joubert (Félix). — La famille Montaubert.
Juillet (Maxime). — Aveu suprême.
Just. — Les compagnons de la Croix-d'Argent.
Karr (Marie-Thérèse-Alphonse). — Catherine Trésize.
— Contre un proverbe.
— La statue grecque de Tibur.
— La symphonie du travail.
— Le peintre à la violette.
— Les noms effacés.
— Mabel Stanhope. — Margaret la transplantée.
— Une rose blanche au pays de Souabe.
Kavanagh (Julia). — Madeleine.
— Tuteur et pupille, 2 vol.
Kennedy (Mlle O.). — La main de Dieu.
Kergomard (Mme Pauline). — Un sauvetage.
Kerlys (Jean de). — La belle vicomtesse.
— Les enfants d'Ernée.
— Les premiers pas.
— Les seconds pas.
— T. F.
Kernac (E. de). — Sylvinette.
Kittl (Mlle M. G.). — La fiancée du maronite.
— Le Scheick.
Kœnig (Frédéric). — Le Lion de beurre de Canova.
Kompert. — Nouvelles juives.
Kraft Bucaille (Mme). — L'honneur de la famille, 2 vol.
— Le secret d'un dévouement.
Labadye (Albert de). — Le baron de Hertz.
— Les deux caractères.
— Nysa.

LABILLOIS (Mlle). — Un drame dans la vie intime.
LACHÈZE (Marthe). — Josèphe.
— La dette des Robert.
— La pupille de Salomon.
— Le lys de Bruges.
— Le mariage de Renée.
LACROIX (Mlle Marie). — Jeanne.
— Louisette.
LAFOND (Ed.) — Un médecin sous la Terreur.
LA GARDE (Marcellin). — Récits de la Vesprée.
LALAING (de la). — Cécile Fonval.
— Mlle Bréval.
LAMBERT (Mme J.). — Elise ou sans boussole.
LAMOTTE (A. de). — Espérit Cabassu, exploits d'un mousse au Tonkin.
— Gabrielle.
— Jack famine et Betzy millions.
— La fille du bandit.
— La filleule du baron des Adrets.
— L'orpheline des carrières de Jaumont.
— Aventures d'un alsacien prisonnier en Allemagne.
— Le taureau des Vosges.
- Journal de Marguerite.
— L'auberge de la mort.
— Les camisards, 3 vol.
— Les grands soucis du docteur Sidoine.
— Les martyrs de la Sibérie, 4 vol.
— Les moissonneurs de tempête.
— Le capitaine Ferragus.
— Fleur des eaux.
— Flora chez les nains.
— Le proscrit de Camargne.
— Nadiège.
— Pia la san pietrina.
— Les fils du martyr.

Landelle (de la). — Aventures et embuscades.
— Aventures de Madurec.
— Brest et Toulon.
— Dans les airs.
— Le dernier des flibustiers.
— Les 2e quarts de nuits.
— Les 3e —   —
— Les 4e —   —
— Les 6e —   —
— Les 4e quarts de jour.
— Les enfants de Ravinol.
— Légendes de la mer.
— Le manoir de Rosven.
— Philon Binôme.
— Sans peur le corsaire.
Lander (Jean). — La fortune et la richesse.
— Marguerites en fleurs.
Langerack (A. de). — Les gemeaux.
Langlet (Mme). — Viart bois.
Langlois (Mme H.) — Angèle.
— Hélène.
— Lady Hester.
Large (Henriette). — Jean Moineau.
— Là-bas.
— La famille Fique.
— Le cousin Rustique.
— Le cri du devoir.
— Le roman d'une loueuse de chaises.
— Pierre Marie.
— Poussière d'or.
— Tante Salomé.
— Tronquette.
Largillière (Paul). — Mon frère et moi.
Lasthénie (A. de). — Penserosa.

Laurie (André). — Autour d'un lycée japonais.
— De New-York à Brest en 7 heures.
— Le bachelier de Séville.
— Le capitaine Trafalgar.
— L'héritier de Robinson.
— Le nain de Rhadamès.
— Les naufragés de l'espace.
— Mémoires d'un collégien russe.
— Un écolier américain.
— Un écolier hanovrien.
Lauteuschlager (abbé). — Pervenches.
— Récits moraux et amusants.
Laval (H.-B. de). — Boumaza, aventures d'un coureur des bois.
— Roland ou les aventures d'un brave.
— Un clérical en voyage.
Lavergne (Julie). — Contes français.
— Fleurs de France.
— L'arc-en-ciel.
— Les étincelles.
— Légendes de Fontainebleau.
— Légendes de Trianon
— Légendes et chroniques de Montbriant.
— Les jours de cristal.
— Les neiges d'antan : première série.
— Deuxième série.
— Le savant à l'école.
— Lydie Dartel.
— Récits normands.
Lebourgeois. — Les misérables d'autrefois.
Lerrun (Mme) — Les récréations.
Led'huy. — Les sires de Coucy.
Lefebvre (Adéodat) — Les troisièmes en avant.
Leforestier (Paul). — La rose fleurie.

Legoux (Jules). — Pro patria.
Legrave (A.). — Marmorne.
Lehmann. — Irène.
Leith-Adam (Mrs). — Perdu et retrouvé.
Leïla Hanoum. — Contes cosmopolites.
Lenfant (abbé). — Récits et souvenirs.
Leouzon le Duc. — La fille du sorcier.
— Marie, h^{re} d'une jeune fille.
Lepage (Auguste). — Le roman d'un héros.
Lermite (J.). — Deux dévouements.
Lermont (Jules). — L'aînée.
— Les jeunes filles de Quinnebasset.
Leroy (Mme F.). — Pipo.
Levray (Marguerite). — Agnelle.
— Germaine de Nanteuil.
— Une petite sauvage.
Lionnet (Ernest). — Le docteur Chabot.
— Le pré aux biques.
— Paul Barbet.
Lionnet (Mme Marie). — El Viéjo. — La fille du philosophe. — Pauvre Try.
Lix (Tony). — Les neveux de la chanoinesse.
Locmaria (Comtesse de). — La chapelle Bertrand.
Looy (H. van). — Clémence.
— L'empire des glaces.
Loreau (Mme). — Charles Francis Halt.
Lortal (Louise de). — Le jonc d'or.
Loti (Pierre). — Carmen Sylva.
— Le roman d'un enfant.
— Mon frère Yves.
— Pêcheur d'Islande.
— Propos d'exil.
Loudier. — **Edmée.**
— L'oublieuse.

Loyseau (Jean). — Pas méchant, 2 vol.
Lythe (Marcelle). — Enigme.
— Laurence.
— Le château de l'ours.
— Pauvre Léna.
— Sauvagina.
M..... (A. P. de). — Aide-toi le ciel t'aidera.
Madelaine (Stéphen de la). — Après le travail.
Mael (Pierre). — Mer bleue.
Marhville (Charlotte). — Le secret du comte de Rochemart.
— Rosette.
Maisonneuve (G.) — 1893. Mœurs de demain.
— Plébéienne.
Maistre (Xavier de). — Le prisonnier du Caucase.
— Voyage autour de ma chambre.
Majendie (Lady). — Sur la piste.
Malot (Hector). — Romain Kalbris.
Maltravers (Raoul). — Le pseudonyme de Mlle Merbois.
— Le talion.
Une belle-mère.
Marc. — Lucien de Seillan.
Marcel (Mme Etienne). — Avec et sans dot.
— Comment viennent les rides.
— Daniel.
— Deux destinées.
— Elle et moi.
— Grand-mère.
— Hre d'une corbeille de noces.
— Iermola.
— Irène.
— Ivette la répentie.
— Juliette.
— L'argent et l'honneur.
— L'hetman Maxime.

— La ballade du lac.
— La future du baron Jean.
— La famille du baronnet, 2 vol.
— La vengeance de Giovanni.
— Le chemin du bonheur.
— Le clos Chantereine.
— Le nid d'hirondelles.
— Le point d'honneur.
— Le roman d'un crime.
— Le saint de neige.
— Le vol de colombes.
— Les petits vagabonds
— Les sapins de dame Barbe.
— Les tuteurs d'Odette.
— Monsieur le Maréchal.
— Petite sœur.
— Pile ou face.
— Renée.
— Un ami.
— Un chercheur d'or.
— Un conte de fée.
— Un drame en province.
— Un isolé.
— Un monarque au violon.
— Un noble cœur.
— Yvette la repentie.

MARCEL (Mme Jeanne). — Le bon frère.
— L'école buissonnière.
— H^{re} d'un cheval de bois.
— H^{re} d'une grand'mère à ses petits enfants.
— Un bon gros pataud.

MARCUS (lord). — La fille du maudit

MARÉCHAL (Marie). — Béatrix.
— La cousine de Lionel.
— La maison modèle.

— La roche noire.
— L'hôtel Voronzoff.
— L'institutrice à Berlin.
— La fin d'un roman.
— Le mariage de Nancy.
— Les aventures de Jean-Paul Riquet.
— Madeleine Green.
— Marcelle Dayre.

MARGERIE (Eugène de). — Aventures d'un berger.
— Frère Arsène.
— La banque du diable.
— Le christianisme en action.
— Le clos paisible.
— Légendes contemporaines.
— Les six chevaux du corbillard.
— Moines et brigands.
— Réminiscences d'un vieux touriste.

MARICOURT (comte de). — La broche perdue.
— Le couteau du bandit.
— Le crime de Virieu-sur-Orques.
— L'ancêtre voilé.

MARIE ANNA (Mme). — Les Balances du bon Dieu.
— Les Cathelineau.

MARIE (comtesse). — Monsieur le curé.

MARIN DE LIVONNIÈRES. — Deux frères.
— La chambre aux ombres.
— Lisa.
— Un philosophe.

MARLÈS (M. de). — Anna ou la piété filiale.

MARLITT (E.). — Barbe bleue.
— Chez le conseiller, 2 vol.
— Elisabeth aux cheveux d'or, 2 vol.
— Gisèle, comtesse de l'Empire, 2 vol.
— La dame aux pierreries, 2 vol.
— La maison des hiboux, 2 vol.

— La maison Schilling, 2 vol.
— La petite princesse des bruyères, 2 vol.
— La seconde femme, 2 vol.
— Le secret de la vieille demoiselle, 2 vol.
— La servante du régisseur.

MARMIAN (Xavier). — A la ville et à la campagne.
— Hre d'un pauvre musicien.
— Impressions et souvenirs d'un voyageur chrétien.
— Les fiancés du Spitzberg.
— Les quatre âges.
— Nouvelles danoises.
— Trois jours de la vie d'une reine.

MARRYAT (capitaine). — Pierre simple.

MARSONNIÈRE (de la). — Un drame au pays de la Licorne.

MARTELS (Jean-Jacques des). — Les fantaisies de la charité.

MARTIGNAT (Mlle de). — Ginette.
— L'héritière de Maurivèze.
— L'oncle Boni.
— La petite fille du vieux Thémi.
— Le manoir d'Yolan.
— La pupille du général.
— Les vacances d'Elisabeth.
— Magali.
— Une petite nièce d'Amérique.
— Une vaillante enfant.

MARTIN (Y.-H.). — Le Chemin de la Véra-Cruz.

MARTIN DES ISLETS. — Maître Mathurin.

MARTINEAU (Miss). — Les lutins Norwégiens.

MARTINEAU DES CHESNEZ (Mme). — Dilexit.
— La marquise satin vert et sa femme de chambre Rosette.
— Les trouvailles de M. de Montverd.
— Roses et rubans.

MARY. — Deux voies.
— Julie de Noiron.
— Pauvre Jacques,

Maryan (Mme). — Anne du Valmoët.
— Annie.
— Ce que ne peut l'argent.
— Clémentine de la Fresnaye.
— Ellen Gordon.
— En Poitou.
— Huberte.
— L'envers d'une dot.
— L'erreur d'Isabelle.
— L'héritage de Paule.
— L'hôtel Saint-François.
— La cousine Esther.
— Lady Frida.
— Le manoir des célibataires.
— Le prieuré.
— Les pupilles de tante Claire.
— Les rêves de Marthe.
— Mlle de Kervallez.
— Petite reine.
— Une dette d'honneur.
— Un legs.
— Un mariage de convenance.
— Une nièce d'Amérique.
Masson. — Les enfants célèbres.
Mathos (J.). — La fin d'un rêve.
Matrat (Paul). — Les conseils du père Vincent.
Mauthner Frantz. — H^{re} du pauvre petit Franicko.
May Karl. — L'empire du dragon.
— Le fils du chasseur d'ours.
— Le roi des requins.
— Les pirates de la mer rouge.
— Une maison mystérieuse.
— Une visite au pays du diable.
Maynard (docteur Félix). — De Delhi à Cawupore.
Mayne Reid (capitaine). — A fond de cale.

— A la mer.
— Bruno les chasseurs d'ours.
— En mer.
— L'habitation du désert.
— L'heureuse famille.
— La baie d'Hudson.
— La chasse au Leviathan.
— La montagne perdue.
— La sœur perdue.
— Le chasseur de plantes.
— Les grimpeurs de rochers.
— Le chef au bracelet d'or.
— Le jeune mousse.
— Les exilés dans la forêt.
— Les émigrés du Transwaal.
— Les enfants des bois.
— Les chasseurs de chevelures.
— Les épaves de l'Océan.
— Les naufragés de la baie d'Hudson.
— Les vacances des jeunes Boërs.
— Trois jeunes naturalistes.

Meaulle (F.). — Perdus dans la grande ville.
Mellimer Régis. — La chevrière de Nancy.
Mendoza de Vivès. — Les lingots d'argent.
Mesnil (vicomte Henri de). — Jeanne Herbelin.
— La dernière des ravaudeuses.
— Le vicaire de Saint-Martin-les-Bois.
— Parfums du grand monde.
Meunier (E.). — La branche maudite.
— La pupille de Gladie.
— Le mariage de Josiane.
— Le secret du bonheur.
— Les idées de tante Vieillotte.
— Tante Michette.
— Un mariage original.

Michel. — Les enfants illustres.

Mickiewicz Ladislas. — Les récits d'un gentilhomme polonais.

Mila (comtesse de). — Linda.

Mirabeau (comtesse de). — Jane et Germaine.

— Veillées normandes.

Mirval (M. de). — Le robinson des sables du désert.

Molènes (Paul de). — Voyages et pensées militaires.

Molesworth (Mme). — Grand-mère chérie.

Montal (Marie) — L'idéal de Germaine.

Montenclos (Mme L.). — Clémence de Lisville.

— Le bonheur pour une rose.

Montfournier (Robert). — Sarah ou la suivante de la marquise.

Montgommery (Florence). — Méconnu.

Monniot. — Délassement avec mes jeunes lectrices.

— Le but de la vie.

— Le journal de Marguerite, 2 vol.

— Marguerite à vingt ans, 2 vol.

— Les petites filles de Madame Rosely, 2 vol.

— Raphaëla de Mérans.

— Simples tableaux d'éducation, 2 vol.

Morbois (Mme de). — Sacrifice.

Moreau (Émile). — Roi et paysan.

Moreau (W.). — Graciosa.

Morigny (abbé A.). — Les frères ennemis.

Morre (vicomte de la). — La famille Molandi.

Mouezy (André). — Rosaïk.

Mulholland. — Une idée fantasque.

Muller (Eugène). — De monde en monde.

— L'ange du Pouliguen.

— Mémoires d'un mandarin.

— Nizelle, souvenirs d'un orphelin.

— Robinsonnette.

— Un héritage.

Muller (René). — Les enfants gâtés.
Mussat (Louise). — Charmant.
— Ponsardin frères.
— Simplicité Grimsel.
Mussat (François). — Le père tranquille.
Navery (Raoul de). — Divorcés.
— Jean l'ivoirier.
— L'enfant maudit.
— L'évadé.
— L'Odyssée d'Antoine.
— La cendrillon du village.
— La confession de la reine.
— La conscience.
— La main malheureuse.
— Légendes d'Allemagne.
— Le château des abymes.
— Le choix d'une femme.
— Le filleul de l'évêque.
— Le gouffre.
— Le magistrat.
— Le marquis de Pontcallec.
— Le martyre d'un père.
— Le missionnaire de la terre maudite.
— Le moulin des trépassés.
— Le pardon du moine.
- Le roman d'un honnête homme.
— Le val perdu.
— Les enfants du bourguemestre.
— Les drames de l'argent.
— Les drames de la misère.
— Le juif Ephraïm.
— Les parias de Paris.
— Les héritiers de Juda.
— Parasol et Compagnie.
— **Les coiffes de Sainte-Catherine.**

— Les crimes de la plume.
— Les dupes.
— Les îles sauvages.
— Les mirages d'or.
— Les religieuses.
— Les vautours du Bosphore.
— Madame de Robur.
— Nouvelles de charité.
— Rose la fleuriste.
— Tristan.
— Une erreur judiciaire.
— Zacharie le maître d'école.
NETTEMENT (F.). — L'épave.
— Un pair d'Angleterre.
NEUILLIEZ (Mme Berthe). — Ismay Valdron.
— L'expiation de lady Culmore.
— Le mari d'Ianthe.
NIPREC (L. de). — Monsieur le chancelier.
— Oui et non.
NOEL LADY. — Un lâche.
NOTTRET (Mlle V.). — Les fleurs d'été.
— Scènes de la vie réelle.
NOVIANT (de). — Le comte d'Arnage.
— Le marquis d'Arnage.
NYON (Eugène). — Moumoute et carnage.
— Paul et Jean.
OLIVIER (Pauline). — Gabrielle.
ORR (Mme Evangeline d'). — Le vieux garçon.
ORY (Stéphanie). — Henriette.
— Jeanne de Bellemare.
— La bergère de Beauvallon.
— Marie de Langeville.
ORZESKA (Elise). — Histoire d'un juif.
OUIDA. — Le petit comte.

OUIDA. — Le tyran du village.
— Les fresques.
OURLIAC (Edouard). — Nouvelles diverses.
PATRICE (V.). — Le chien policier.
PARCEVAL DESCHÊNES. - Journal d'une désœuvrée.
PAUL (Adrien). — Le pilote Willis suite du Robinson suisse.
PAYRET (Joseph). — Le sacrifice d'un ange.
PEARD (Miss). — Sans le savoir.
PELLICO (Sylvio). — Rafaëlla.
PETIT (Loïc). — Le roman de Paquette.
PERNET (Mathieu). — Victor Blanchet.
PERRAULT (Pierre). — Les lunettes de grand-maman.
PIEYRE (Adolphe). — Gilberte de St-Guilhem.
PINARD (abbé). — Gatienne.
PINSON (E.). — Après un revers.
— Claire d'Alvinières.
— La bague de fiançailles.
PIOTROWSKI (Rufin). — Souvenirs d'un Sibérien.
PITRAY (Vtesse de), (née de Ségur). — Cœur de fer.
— Entre parias.
— Le château de la Petaudière.
— Le fils du maquignon.
— Le trait d'union.
— Les débuts du gros Philéas.
— Voyages abracadabrants du gros Philéas.
— Les triomphes de Mauviette.
— Petit monstre et poule mouillée.
— Robin des bois.
POIRÉE (Elie). — Home rule.
POITEVIN (Marie). — Fleur sauvage.
— Les épreuves de Geneviève.
— Les Grancogne Leogan.
— L'héritage de Tantale.
— Les sept poussins de Claudine.
— Mon roman.

— Un roman en province.
Poitiers (docteur Louis de). — Histoire d'une folie.
— Les victimes du brevet.
Poli (Vicomte Oscar de). — Fleur de lis.
— H^{res} du bon vieux temps.
— Jean poigne d'acier.
— Le capitaine Phœbus, 2 vol.
— Le petit Capet.
— Récits d'un soldat.
Pontbelt. — Karl ou le guide montagnard.
Pontrais (Hervé du). — Les illusions d'Hélène.
— Marcel Laville.
— Paule de Corlay.
— Thérèse Boureil.
Porchat. — Trois mois sous la neige.
Pressensé (Mme de). — La maison blanche.
— Seulette.
Préviti (Rév. Père). — L'ange de la tour.
Desprèz de la ville Tual (Mme). — Marie Ste Trégonnec.
Protche de Viville — La colporteuse.
— Les prisonniers de guerre.
Quatrelles (J.) — 70 et 90.
Quesnay de Beaurepaire. — De Wissembourg à Ingolstadt 1870-1871.
Quinton. — Aurélia.
— Le gladiateur.
Raimes (M. L. de). — Le prix de la foi.
Raousset Boulbon (duc de). — Une conversion.
Raymond (Mme Emmeline). — Aide-toi le ciel t'aidera.
— A quelque chose malheur est bon.
— La plus heureuse de la famille.
— Le journal d'une jeune fille pauvre.
— Les rêves dangereux.
— Un mariage parisien.
— Un récit qui ne se termine pas par un mariage.

— Une femme élégante.

Raynal (E.) — Les naufragés des îles Auckland.

Reixet (A.) — Les serviteurs du diable.

Renal. — Lectures en famille.

Revoil (Henri). — Coups de fusil.

— La cour d'un roi d'Orient.

— La panthère noire.

— Le livre des aventures.

— Le sport américain.

— Reymond (le chanoine). — Paulus ou les premiers temps du christianisme dans les Gaules.

Rheil (Maria). — La ferme du Muiceron.

Richard (Mlle). — Fanchonnette.

Rider Haggard. — La découverte des mines du roi Salomon.

Riverolles (F. de). — Trois nouvelles.

Robischung. — Le charbonnier des Vosges.

Rochey (J. de). — Mina.

Roche (Alain de la). — Le page de la duchesse Anne.

Rochère (Comtesse de la). — Aline de Chanterive.

— Couronnes d'or, couronnes d'épines.

— Henriette de Saint-Gervais.

— Mélanie Gerbier.

— La belle Isaure.

— Le secret de Vandeau.

— Les châtelaines du Roussillon.

— Les Maurénal.

— Les nièces de la baronne.

— L'orphelin d'Evenos.

— Les récits de la marquise.

— Les soirées de Tournebise.

— Séraphine.

— Stéphanie Valdor.

Rocoffort (Alexis). — Le château de Trélor.

— Pylade.

Rosary. — Le secret du bonheur.
Rosseeuw de St-Hilaire (Mlle). — La fille du braconniér.
Rostopchine (Comtesse). — Yvonne trois étoiles.
Rondelet (Antonin). — Le danger de plaire.
— Mémoires d'un homme du monde.
Rousseau. — Dionis.
— Les habitations du désert.
Rousseau (Mlle Léontine). — Lars Vonved le pirate de la Baltique.
Rouvaire (de). — Le roman d'une cloche.
Roux (Ferrand). — Les héritages.
Rowcroft (Charles). — A la recherche d'une colonie.
— Prisonniers des noirs.
Roy (Mme Ferdinand le). — Le fils de l'amiral.
Roy. — Baldini, épisode d'un voyage en Italie.
Sabatier (de Castres). — La capricieuse, 2 v.
— La colonie chrétienne, 2 v.
— Sur les genoux de grand mère.
Sacher (Masoch). — Le nouveau Job.
Saillet (A. de). — Les fils du gaulois.
Saint-Genois. — Le château de Vildenborg.
Saint-Germain. — Le chalet d'Auteuil.
— Les prestiges de la grandeur.
— Mignon.
— Pour une épingle.
Saint-Hilaire (Ph.). — La neuvaine dé Colette.
Sainte-Marie (Mme de). — La tendresse maternelle.
— L'intérieur d'une famille chrétienne.
Saint-Martin (Charles). — La mort d'un forçat.
— La barque rouge.
— Le drame du marché noir.
Saint-Martin des Islets — Maître Mathurin.
Saintine (B.) — Picciola.
— Seul.

Salignac (Renée de). — Fleur de l'Inde.
Sandeau. — La maison de Penarvan.
— La roche aux mouettes.
— Sacs et parchemins.
— Le roman d'un désenchanté.
Sandol (Jeanne). — Marthe.
Sault (Alix de). — Le docteur Richard.
Savaête (Arthur). — Les naufragés de Kertugal
Schirmer (A.). — Le ménétrier de la République.
Schmidt (chanoine). — Contes.
Schwartz. — Heures de récréation.
Scott (Walter). — Anne de Géierstein.
— Aventures de Nigel.
— Chroniques de la Canongate.
— Guy Mannering.
— Ivanhoe.
— Kenilworth.
— L'abbé.
— Le monastère.
— L'antiquaire.
— Le cœur de Mid Lothian.
— Le comte Robert de Paris.
— Les eaux de St-Ronan.
— La fiancée de Lamermoor.
— La jolie fille de Perth.
— La légende de Montrose.
— Le nain noir.
— Le pirate.
— Les fiancés.
— Les puritains d'Ecosse.
— Péveril du pic.
— Quentin Durward.
— Redgauntlet.
— Rob Roy.

— Waverley.
— Woodstock.
Sebran (Mme Marie). — La fleur de thym.
— Rousou.
Ségrave. — Marmorne.
Séguin Alfred. — Le talisman de Marguerite.
Ségur (comtesse de). — Les bons enfants.
— Les petites filles modèles.
Septchènes (J. de). — Jacquemin le franc-maçon.
Servan. — L'épée de Charles-Quint.
Schaw (Flora). — Castel Blair.
Siegwart. — La perle de la Djalmara.
Simond (Charles). — L'agonie d'une race.
— L'expiation.
— Le secret de Roch.
Simons (Mlle A). — L'écuyer.
— Le forestier.
— Récits d'une grand'mère.
Snieders (Auguste). — Anne Dieu le veut.
— Au bagne.
— La petite sœur des pauvres.
— Le tueur de loups.
— Sous le grand hêtre.
Siret (Adolphe). — Veillées belges.
Souvestre (Emile). — Au coin du feu.
— Le mémorial de famille.
— Les anges du foyer.
— Les clairières.
— Les confessions d'un ouvrier.
— Les soirées de Meudon.
— Pendant la moisson.
— Récits et souvenirs.
Stahl (P. J.). — La petite Rose, ses six tantes et ses sept cousins.
— Les patins d'argent.

— Les quatre filles du docteur Marsch.
— Les quatre peurs de notre général.
— Maroussia.
STANLEY (Henri). — La terre de servitude.
STANY (Commandant). — Geneviève de Nauvailles, 2 vol.
— Les épingles de Sainte-Catherine
— Le marquis de Keralein.
STÉPHANE (Marie). — France.
STÉVENSON (R. L.). — L'Île au trésor.
STINDE (Jules). — La famille Buckholz.
STOLZ (Mme DE). — Blanche et noire.
— Deux tantes.
— Diamant, bronze et or.
— Gérard de Saint-Aubin.
— Ita la glaneuse.
— L'embarras du choix.
— L'héritage de mon oncle.
— L'onguent du berger.
— La maison roulante.
— La mare aux chasseurs.
— La montre de tante Marie.
— Le gros lot.
— Le petit Jacques.
— Le sauvage de Sombreval.
— Le secret de Laurent.
— Le vieux de la forêt.
— Les deux docteurs.
— Les deux reines.
— Les mésaventures de Mlle Thérèse.
— Les vacances d'un grand père.
— Lis et roseau.
— Magali.
— Mes tiroirs.
— Suzanne et Baptistine.
— Trois filles à marier.

— Valentine.
— Fauvette.
— Violence et bonté.
Stowe (Henriette). — La classe de l'oncle Tom.
Strickland (Miss). — Alda, l'esclave bretonne.
Surville (André). — La fête de Saint-Maurice.
— La vieille maison du grand père.
— Les grandes vacances.
Surville (Laure). — Fleur des champs.
— Le compagnon du foyer.
Sylva (Carmen). — Nouvelles.
— Qui frappe.
Sylva (de). — Histoire d'un billet de banque.
Tarbé des Sablons (Mme). — Clotilde.
*T. Marie (Ange de). — Adeline ou la petite ménagère.
— Clémentine ou l'ange de la réconciliation.
— Marianne ou le dévouement.
Taulier (J). — Les petits robinsons de la grande chartreuse.
Tchéré. — Mémoires d'un passereau.
Teillard (Mlle Henriette). — Le trésor du pirate.
Teram (A.) — Le cadeau de noces.
Tesson (Louis de) — La fleur des champs.
Testas (Mme Félicie). — La bague enchantée.
— Les bonnes gens.
— Une jonchée de fleurs.
Thackeray (Miss). — Dimytr le cosaque, 2 vol.
Theillet (A. du). — Lucile.
— Nelida.
Thil (Lorrain). — Un mariage en 93.
Thomin (Lucien). — Le carnet sanglant.
— Le poignard du Vésuve.
— Les chevaliers de la dynamite.
— Les drames de l'Irlande.
— Mémoires d'un instituteur.

Thuret (Mme E.) — Mlle de Sassenay, 2 v.
Tillière (Mme A. P.) — Le talismann de Lynwood.
— Marjorie.
Tinseau (Léon de). — Ma cousine pot au feu.
Tissot (Marcel). — La comtesse Brigitte.
— Le manoir et le monastère.
Tissot (Victor et Améro). — Les fugitifs en Sibérie.
Tolstoï (Comte). — Guerre et paix, 3 vol.
— Ivan le terrible.
— Pourquoi on tient tant à la vie.
Toru (Dutt). - Journal de Mlle d'Arvers.
Tour (Eugénie). — La famille Shalonsky.
Tour (A. de la). — Scènes de la vie hongroise.
Tour du Pin (comtesse de la). — Sous le chaume.
Tourgueneff. — Scènes de la vie russe.
— Nouvelles scènes de la vie russe.
Tournefort (J. de). — Le manuscrit du vicaire.
Travanet (Charles de). — La famille Muller.
Travel (F). — La pupille de Gladie.
— Thérèse de Kerleven.
Trévad (A). — La confession de Jobie.
Trollope (Anthony). — La veuve Barnaby, 2 vol.
— La veuve remariée, 2 vol.
— Le domaine de Belton
Trouessart (Mlle). — Aveugle.
— Deux fiancées.
— Seule.
Twain Mark. — Le prince et le pauvre.
— Les aventures de Tom Sawyer.
— Les aventures de Huck Finn.
Ulliac Tremadeure (Mme). — Claude le gagne petit.
— Les secrets du foyer domestique.
Vadier (Berthe). — Blanchette histoire d'une chèvre.
Valbrun (L). — Mademoiselle de Carreros.

Vallon (Georges du). —Autour d'une héritière.
— Fortmoselle.
— La destinée de Marthe.
— La roche d'enfer.
— Libre-penseuse.
— Raymond de Vauclair.
— Un roman en Alsace.

Valmont. — Amour et sacrifice.

Valtine (A. de). — Sans foyer.

Van Lennep. — La rose de Dekama, 2 vol.

Vattier d'Ambroyse. — Chêne et roseau.
— Claire de Rives.
— L'orphelin ou une existence courageuse.
— La fille du pêcheur.
— La vie en plein air.
— Vingt millions de rente.

Venet. — Guillaume le réfractaire.

Verne (Jules). — César Cascabel, 2 vol.
— Deux ans de vacances, 2 vol.
— Famille sans nom, 2 vol.
— L'archipel en feu.
— L'école des robinsons.
— L'étoile du sud.
— L'île mystérieuse.
— La Jangada.
— La maison à vapeur, 2 vol.
— Le capitaine de quinze ans, 2 vol.
— Le chemin de France.
— Le pays des fourrures, 2 vol.
— Le rayon vert.
— Le tour du monde en quatre-vingts-jours.
— Les anglais au pôle nord.
— Le désert de glace.
— Les cinq cents millions de la Bégum.

— Les Indes noires.

— Les tribulations d'un chinois en Chine.

— Mathias Sandorf, 3 vol.

— Michel Strogoff, 2 vol.

— Mistress Branican, 2 vol.

— Nord contre Sud, 2 vol.

— Robur le conquérant.

— Sens dessus dessous.

— Une ville flottante.

— Vingt mille lieues sous les mers.

Verner (E.) — Pinela.

Veuillot (Louis). — Corbin et d'Aubecourt.

— Historiettes et fantaisies.

Vèze (J. de). — La fille du braconnier.

Vielle (Marguerite Van de). — Filleul du roi.

Villard. — Les mauvais jours.

Villefranche (J. M. de). — Cinéas ou Rome sous Néron.

— Deux orphelines.

— Elisa de Montford.

Villemanne (Elisabeth de). — L'anneau d'or.

— Le château et la ferme.

— L'héritière de Pulchérie.

Vincent (J.) — Vaillante.

Violeau (Hyppolyte). — Nouvelles veillées bretonnes.

Vivier. - Un vaillant.

Vrignault (Henri). — Aux champs.

— Joseph Regnier.

Walsch (Vicomte). — Yvon le breton.

Warner. — Les collines du Shatemuc.

Weber (W.) — Les treize tilleuls.

Wetherel (E.) — Eléonore Powle, 2 vol.

— La méprise de Christine.

— Le monde, le vaste monde.

— Les enfants Rutherford.

— Miss Tommy.
— Queechy, 2 vol.
— Une exception.
Wey (Francis). — Le bouquet de cerises.
Whyte (miss Rodha). — De l'enfance au mariage, 2 vol.
Whyte (Melville). — Les gladiateurs, 2 vol.
Wichert. — Les perturbations.
Wiseman (Cardinal). — Fabiola.
— La lampe du sanctuaire.
Witt (Mme de). — A la montagne. — Au-dessus du lac.
— Ceux que nous aimons et ceux qui nous aiment.
— Deux tout petits.
— Enfants et parents.
— En quarantaine.
— La petite maison dans la forêt.
— Les enfants de la tour du roc.
— Petite.
— Reine et maîtresse.
— Sur la pente.
— Sur la plage.
— Tout simplement.
— Un héritage.
— Un patriote au XIVe siècle.
— Vieux amis.
*Witche (Mathieu). — Mlle de Petitvallon.
Wood (Mme H.) — La colombe dans le nid de l'aigle.
— Le maître de Greylands, 2 vol.
— Les filles de lord Oackburn, 2 vol.
Woillez (Mme) — Leontine et Marie.
— L'orpheline de Moscou.
Wyss. — Robinson suisse, 2 vol.
Y. E. — Michel Parvis ou l'enfant de la Providence.
Yonge (Miss). — Craintes et espérances, 2 vol.

— La chaîne de Marguerite, 2 vol
— Le procès, 2 vol.
— L'héritier de Redclyffe. 2 vol.
— Le petit duc.
— Le souhait d'Henriette.
— Ma mère et moi.
— Violette, 2 vol.
YOREL (Paul). — Le château de Byrogues.
YUNG (John). — Les périls de Paul Percival.
*** — Alice.
— Amélie, journal contemporain.
— Anna et Maria.
— Clémentine.
— Edma et Marguerite.
— Eugénie de Revel.
— Flora Mac Alpin.
— Histoire d'une mère.
— Histoires et proverbes.
— Jenoseph.
— La cabane du pêcheur.
— La maison du dimanche.
— Le chemin de la Vera-Cruz.
— Le curé de Bailleul, chronique du XVIIe siècle.
— Le lion de beurre.
— Les aventures d'un florin racontées par lui-même.
— Les jeunes réfugiés de la forêt de Paimpont.
— Les Roquevair.
— Louise.
— Mémoires d'un notaire.
— Si distingué.
— Souvenirs d'un sous-officier.
— Tebsima.
— Théâtre de l'enfance.

Nancy. — Imprimerie A. Nicolle, 25, rue de la Pépinière.